1 MONTH OF FREE READING

at

www.ForgottenBooks.com

By purchasing this book you are eligible for one month membership to ForgottenBooks.com, giving you unlimited access to our entire collection of over 1,000,000 titles via our web site and mobile apps.

To claim your free month visit:

www.forgottenbooks.com/free362462

* Offer is valid for 45 days from date of purchase. Terms and conditions apply.

ISBN 978-0-266-30579-8
PIBN 10362462

This book is a reproduction of an important historical work. Forgotten Books uses state-of-the-art technology to digitally reconstruct the work, preserving the original format whilst repairing imperfections present in the aged copy. In rare cases, an imperfection in the original, such as a blemish or missing page, may be replicated in our edition. We do, however, repair the vast majority of imperfections successfully; any imperfections that remain are intentionally left to preserve the state of such historical works.

Forgotten Books is a registered trademark of FB &c Ltd.
Copyright © 2018 FB &c Ltd.
FB &c Ltd, Dalton House, 60 Windsor Avenue, London, SW19 2RR.
Company number 08720141. Registered in England and Wales.

For support please visit www.forgottenbooks.com

JEAN RICHEPIN

LA MARTYRE

DRAME EN CINQ ACTES

EN VERS

Représenté pour la première fois sur la scène de la COMÉDIE-FRANÇAISE
le 18 avril 1898

SEPTIÈME MILLE

PARIS
LIBRAIRIE CHARPENTIER ET FASQUELLE
EUGÈNE FASQUELLE, ÉDITEUR

LA MARTYRE

LA PREMIÈRE ÉDITION DE " LA MARTYRE "

A été imprimée en format grand in-8° à mille exemplaires,

au prix de 5 fr.

Entered according to act of Congress, in the year 1898, by E. Fasquelle,
in the office of the Librarian of Congress, at Washington.

JEAN RICHEPIN

LA MARTYRE

DRAME EN CINQ ACTES, EN VERS

*Représenté pour la première fois
sur la scène de la* Comédie-Française, *le 18 Avril 1898.*

QUATRIÈME MILLE

PARIS

LIBRAIRIE CHARPENTIER et FASQUELLE

EUGENE FASQUELLE, ÉDITEUR

11, RUE DE GRENELLE, 11

1898

Tous droits réservés.

42556.22.60

```
    FLAM.M.M.M.EOLÆ
    MIAFA.MBI.MIAFA
    AAMULPA.EPTRI IT
           IEO
           TMA
           TLU
           AOF
           TLE
           MBI
           MBI
          MIAFA
          MIAFA
        EDULRIMCA
        MARTYRIUM
```

Au canevas d'ombre que trame
Ce catacombal cryptogramme
J'ai brodé, pourpre et or, mon drame.

     J. R.

PERSONNAGES

JOHANNÈS, apôtre des Chrétiens . . . . . MM.	Mounet-Sully.
ARUNS, coadjuteur de Johannès	Worms.
ZYTHOPHANÈS, vieux philosophe grec . .	Leloir.
LATRO, gladiateur.	Paul Mounet.
SPHORAGMAS, marchand de monstres . .	De Féraudy.
BDELLA, cuisinier.	Laugier.
GLUBENS, laveur de morts	Berr.
CONGRIO, tenancier de popine	Joliet.
LE PRÉTEUR.	Delaunay.
UN CENTURION.	Villain.
GLAUCUS, poète.	Dehelly.
SERGIUS, chrétien, ancien sénateur de la gens Sergia	Fenoux.
PALUS, chrétien lépreux	Falconnier.
L'INFIRME, chrétien	Veyret.
TRUCIDO, chrétien, ancien pendu	Esquier.
LABRAX, garçon de popine	Hamel.
BUCCO, homme de la plèbe	Clerh.
RUFUS, homme de la plèbe	Roger.
CAPPADOX, chef des esclaves de Flammeola.	Vargas.
UN SOLDAT DES LÉGIONS D'ILLYRIE .	Chevallet.
UN GARDE URBAIN.	Garry.
UN SECOND GARDE URBAIN	Lebis.
UN NAIN NÈGRE	Corcellis.

FLAMMEOLA, patricienne, de la famille Rufa, de la gens Minucia.	Mmes BARTET.
THOMRYS, dompteuse scythe	MORENO.
TRULLA, chrétienne, ancienne mime	AMEL.
MURRHINA, chrétienne, jeune folle infanticide	LECONTE.
PSYLLIUM, femme de Congrio	RACHEL BOYER.
LA PANTHÈRE, courtisane	DELVAYRE.
LALAGÉ, esclave chez Flammeola	FRANQUET.
LEUCONOË, esclave chez Flammeola	BRÉSIL.
SCAPHA, femme de Rufus	JAMAUX.

UNE CITHARISTE, DEUX TIBICINES, UN COR, UNE JOUEUSE DE SISTRE ÉGYPTIENNE, UNE CREMBALISTE GADITANE, UN TAMBOUR SYRIEN, UN TRIANGLE, SIX PORTEURS DE LITIÈRE, UN BOURREAU ET SES DEUX AIDES, SIX LICTEURS, DOUZE GARDES URBAINS, HUIT PRÉTORIENS ET LEUR CENTURION, DEUX PORTE-ENSEIGNE, DEUX DIACRES, QUATRE ENFANTS DE CHŒUR, CHRÉTIENS ET CHRÉTIENNES, GENS DU PEUPLE, UN ENFANT A LA MAMELLE.

La scène se passe à Rome, au IIe siècle de l'ère chrétienne.

Tous droits de représentation, de traduction et de reproduction réservés pour tous pays, y compris le Danemark, les Pays-Bas, la Suède et la Norvège.

Pour la représentation, s'adresser à M. ROGER, agent de la Société des Auteurs dramatiques, 8, rue Hippolyte-Lebas.

Pour la traduction et la reproduction, s'adresser à M. E. FASQUELLE, éditeur.

Pour la mise en scène, la plantation des décors et la musique, s'adresser à la régie de la Comédie-Française.

ACTE PREMIER

DANS LES JARDINS DU PALAIS DE FLAMMEOLA

ACTE PREMIER

A droite, aux premier et second plans, édifiée obliquement, une *triclea*, ou salle à manger en plein air. Le toit treillagé, garni de feuillages, est soutenu par quatre colonnettes de marbre, autour desquelles grimpent en s'enroulant des vignes vierges et des rosiers. Contre l'unique mur du fond, qui ne s'élève qu'à hauteur d'homme, sont placées deux consoles pour desservir. Sur le devant, la table ronde, à pied central, en marbre, et, leurs chevets s'y appuyant, les trois lits, également en marbre, que recouvrent des tapis et des coussins.

A gauche, au premier plan, un banc large, formé par un talus de gazon et de mousse, que surplombe un laraire entouré d'arbustes fleuris ; aux plans suivants, de grands arbres.

Au fond, venant circulairement de droite à gauche, une galerie à ciel ouvert, dont le chemin, surélevé de trois marches, est flanqué de deux files parallèles de portiques, et débouche en scène au quatrième plan, au tiers gauche. Par les baies des portiques on voit la perspective des jardins, ornés de statues, et plus loin, à l'horizon, le panorama de Rome.

Nuit claire, criblée d'étoiles, sous laquelle s'éclaire doucement le panorama du fond, en lumière blanche, tandis que la scène est illuminée de flammes rougeâtres par les nombreux lampadaires des portiques et de la *triclea*.

SCÈNE PREMIÈRE

FLAMMEOLA, ZYTHOPHANÈS, GLAUCUS, CAPPA-
DOX, chef des esclaves, LALAGÉ, LEUCONOË, deux
autres servantes, une citharistre, deux tibicines a
double flute, un joueur de cor.

(Au lever du rideau, les musiciens achèvent un prélude. Glaucus est près
d'eux. Flammeola et Zythophanès sont couchés sur les deux lits du devant
de la triclea)

GLAUCUS, aux musiciens.

Là, maintenant, tout doux! Encor plus doux! Encor!
Presque plus rien! A peine un lent soupir, le cor!
La cithare, en frôlant! Et les deux flûtes, l'une
Du miel, l'autre un frisson d'eau qui meurt sous la lune!
Très bien! Voilà les sons languides à ton gré,
Rythme déliquescent de mon verbe nacré.

(En déclamant, d'un ton précieux, presque tous les mots détachés.)

Sur un pleur, captif... dans... une buire... d'opale.

ZYTHOPHANÈS.

Pitié, Flammeola ! Tu vois, j'en deviens pâle.
Glaucus va nous gâcher l'exquis de ce repas.
Fais-le taire.
> (A Glaucus, après que les musiciens se sont tus, sur un geste de Flammeola.)

Tu sais, je n'en disconviens pas,
En vocables de la grâce la plus subtile,
Croiser le lourd spondée et l'allègre dactyle ;
Mais crois-moi, je suis sage, après des vins... épais,
Les vers ne valent rien pour digérer en paix.

GLAUCUS.

Oui, tu préférerais philosopher sans doute,
Philosophe !

ZYTHOPHANÈS.

Non pas ! Car ce que je redoute
Le plus, dans ce bonheur calme où je me vautrais,
C'est d'être un animal qui pense, et pense exprès.
J'ai l'estomac fleuri des plus suaves choses,
Le cœur quiet, le front diadémé de roses ;
Flammeola me traite en vieil enfant gâté ;

ACTE PREMIER. — SCÈNE I.

Et je voudrais, sans plus, par cette nuit d'été,
A travers un demi-sommeil souffleur de bulles,
Ouïr des balatrons et voir des funambules.

FLAMMEOLA.

Homme heureux, à qui reste encor quelque désir!
Moi, je n'ai même plus la force de choisir.
Tours d'acrobate, vers de poète, sentence
De philosophe, ont pour moi pareille importance.
Fais venir des bouffons, puisqu'ils t'amusent! Moi,
Je n'y prendrai plaisir ni peine, aucun émoi.
S'il me fallait former des vœux (ce qui me lasse),
Je ne demanderais ici qu'une humble grâce,
C'est de sentir flotter mon âme vague, au fond
Non d'un demi-sommeil, mais d'un sommeil profond,
Où se fondrait en moi la torpeur indulgente
De cette nuit d'été que le silence argente.

GLAUCUS.

Ah! joli! Très joli! Moins écrit que rêvé!
Le silence argente!... Ah!... Que ne l'ai-je trouvé!
J'en suis jaloux. Quoique... Pardon, si je m'entête!
Mais ma silve renferme aussi telle épithète
Et telle image qui ne sont pas sans valeur.

Ainsi, tenez!

(Aux musiciens.)

Bien doux, n'est-ce pas?

(Les musiciens recommencent.)

Sur un pleur...

SCÈNE II

Les Mêmes, BDELLA, un Esclave.

(Bdella et l'esclave arrivent par la gauche, débouchant de la galerie à portiques. L'esclave apporte à pas comptés un plateau d'argent sur lequel est un gâteau couronné de flammes bleues.)

BDELLA, d'une voix de stentor.

Artologanus triple à la pulpe de somphe,
Surnommé le gâteau qui flambe!

(D'un ton modeste.)

Mon triomphe!

(Avec Glaucus, la parole coupée, les musiciens se sont tus)

ZYTHOPHANÈS.

A la bonne heure, au moins! On s'éteignait un peu.
Rallumons-nous l'esprit à ce panache bleu!

Désormais les bouffons, d'ailleurs, sont inutiles.
En est-il un plus gai que toi, nez qui rutiles?
Puis, tu nous as sauvés de son poème. Enfin
Ce gros homme, à la voix de stentor, est très fin,
Malgré son ventre d'outre et sa gorge en tonnerre.
Bdella, quel est le roi des arts?

BDELLA.

L'art culinaire.

ZYTHOPHANÈS.

L'auguste vérité par sa bouche parla.
Et quel est l'empereur des cuisiniers?

BDELLA.

Bdella.

ZYTHOPHANÈS.

L'orgueil sied au génie, et je t'honore, panse.
Ton artologanus, c'est une œuvre?

BDELLA.

Oui, je pense.

ZYTHOPHANÈS, lui touchant le front.

Il sort de là?

BDELLA.

Lui-même.

ZYTHOPHANÈS.

O sort immérité,
Que toi, tu n'ailles point à la postérité!

BDELLA.

Mais, pourquoi pas?

GLAUCUS.

Va, sois tranquille, je m'en charge.
Ton nom dans un distique, une scholie en marge,
Et c'est fait. Oh! de rien! Ne me dis pas merci.

FLAMMEOLA, qui a goûté le gâteau.

Pas très bon, ton gâteau!

BDELLA.

Hein! Quoi! Pas bon, ceci!
Une pâte de somphe et de criste-marine
Pétrie en pleine crème à la fleur de farine,
Avec de l'huile vierge et du vin, du vin tel
Que l'artologanus brûle comme un autel,
Tout parfumé d'anis, de cumin et de poivre!
Ah! la critique est dure! Et ce coup-là me navre.

FLAMMEOLA.

Sois navré; mais ce n'est pas bon.

GLAUCUS, qui a goûté aussi et recrache.

Pouah!

ZYTHOPHANÈS, même jeu, puis gravement.

Très mauvais.

BDELLA, tragique.

Faut-il aller m'ouvrir les artères? J'y vais.

ZYTHOPHANÈS, le retenant.

Non, mon petit Bdella, non. Le plus fort se trompe.
Mais nous gardent les dieux qu'une erreur interrompe
La carrière de gloire où la palme t'attend!
Tu prendras ta revanche. A ce propos, pourtant,
Souffre qu'on t'en instruise, et sans que tu t'en blesses :
Depuis peu, ton génie a comme des faiblesses.

BDELLA, indigné.

Oh!

ZYTHOPHANÈS.

Tiens! Flammeola ne mange presque plus.
C'est ta faute.

BDELLA.

Ma faute!

ZYTHOPHANÈS.

Oui. Raisonne, et conclus.
Flatter le goût, bien! Là, je te proclame un maître.
Mais l'exciter, ce goût, l'encourager, le mettre
En éveil, malgré lui, voilà le fin du fin;
Et tu ne le sais pas, puisqu'elle n'a plus faim.

BDELLA.

Je suis troublé.

ZYTHOPHANÈS.

C'est grave, en effet. Autre chose!
Tes plats, même excellents, dis-moi pour quelle cause
Ils ne nous donnent pas, comme à toi, la santé,
La sereine rondeur d'un corps bien sustenté,
Le sang épanoui qui sous ta peau rougeoie,
Et cette face en fleurs dans un soleil de joie.

BDELLA.

Pour quelle cause? Oh! simple. Elle tient en ce point,
Que je vous fais des plats dont je ne mange point.
Car, si nul, mieux que moi, ne combine et n'invente

Aux arcanes de la culinaison savante,
Nul n'y puise aussi peu pour son propre agrément;
Et Bdella, l'empereur des cuisiniers vraiment,
Le Phœbus des fourneaux, Jupiter de la table,
Ne fait chère à son gré, suave et profitable,
Qu'avec du pain, du vin, et son pot jusqu'au ras
Plein de cubes de lard fumant dans des choux gras.

ZYTHOPHANÈS.

Ce ventre est la sagesse en personne. Ce ventre,
Tous mes vœux vont l'avoir pour but, mes goûts pour centre.
Au régime qu'il suit je me mets désormais.
Adieu, les plats savants, mets, surmets, entremets,
Poissons de tous les flots, chairs de toutes les terres,
Langues de rossignols et de phénicoptères,
Mollusques rares, jus, garum, coulis, extraits,
La cuisine grand art, la cuisine à secrets!
Voici le vrai mangeur qui mange et que j'imite.
Je connaîtrai ta joie, ô petite marmite.
Et puisque c'est Bdella qui me la révéla,
Musiciens, un air en honneur de Bdella!

(Les arrêtant du geste.)

Mieux! Afin de panser la blessure qu'ont faite
Nos critiques à son orgueil, mettons en fête
Ce noble cœur peiné par un injuste affront;

Et, ce miroir au poing, cette couronne au front,

> (Il lui met au poing le miroir d'argent de Flammeola et au front sa propre couronne.)

Pour qu'en triomphateur lui-même il se contemple.
Menez pompeusement le dieu jusqu'à son temple.

> (Aux musiciens.)

Vous, devant! Allez!

> (Les musiciens jouent et marchent. A Bdella.)

Suis.

BDELLA, modeste.

Non, c'est trop.

ZYTHOPHANÈS.

Mais si.

BDELLA, encore plus modeste, mais se mettant en marche.

Oh!

ZYTHOPHANÈS, à Cappadox, aux esclaves et aux servantes.

Suivez, tous! Et criez : « Io, triompe! »

TOUS, formant cortège derrière Bdella.

Io!
Io! Triompe!

ZYTHOPHANÈS, à Glaucus qui rit.

Et toi, va donc, au lieu de rire !
Un poème tout fait ! Cours le voir, pour l'écrire.

GLAUCUS.

C'est vrai !

(Il court rejoindre le cortège qui a disparu.)

SCÈNE III

FLAMMEOLA, ZYTHOPHANÈS.

LES VOIX DU CORTÈGE, déjà lointaines.

Triompe ! Io !

FLAMMEOLA, souriante.

Vieux fou !

ZYTHOPHANÈS.

Fou, mais content.
Car tu viens de sourire aussi, c'est l'important.
Tout m'est bon, pour qu'un peu de gai luise en paillettes
Dans la nuit de tes yeux aux tristes violettes.
Chère enfant, quand ton père en mourant confia

Ta claire petite âme à mes soins, il y a
Quinze ans bientôt, j'étais sans amis, sans famille,
Un de ces Grecs dont le pavé romain fourmille,
Un marchand de sagesse, et très sage vraiment,
Car j'ai trouvé chez toi le bonheur, en t'aimant
De tout mon pauvre cœur de vieux, dont le seul rêve
Est de te rendre doux l'instant et l'heure brève.

FLAMMEOLA.

Je t'aime aussi, mon cher philosophe. Jamais
Tu n'as dit non à nul de mes songes, de mes
Plus vains caprices. Tout, pour me voir satisfaite,
Te parut toujours bon, c'est vrai. Comme une fête
Perpétuelle, où rien aux désirs ne manquait,
Comme un inépuisable orgiaque banquet,
Tu m'as montré la vie et j'ai vécu ma vie,
N'ayant pas une faim qui ne fût assouvie.
Riche, libre, pouvant tout faire, on a tout fait.
Hélas! Lucretius a raison en effet,
Quand il dit que de la fontaine des délices,
Du milieu même, et des fleurs aux plus doux calices,
Quelque chose surgit d'amer et d'angoissant.
J'en suis là. Ce dégoût des choses, que l'on sent
Vous monter à la gorge en goûtant les meilleures,
Malgré tous tes efforts emplit toutes mes heures.

Sourire un peu quand tu t'amuses d'un Bdella,
Des bonheurs de ma vie il me reste... cela.
Je t'en rends grâces; mais, conviens-en, ce n'est guère.
Morne paix où je meurs, qui te fera la guerre?
Qu'ai-je encore à connaître? Et d'où me viendrait-il,
Inespérable, vierge, ou brutal, ou subtil,
Mais offrant à mes vœux leur suprême ressource,
L'âpre émoi dont j'ai soif sans en savoir la source?

ZYTHOPHANÈS.

Ah! la source où ton cœur flétri reverdirait,
Ma sagesse aux yeux courts n'en a pas le secret.
Moi, c'est à l'humble lait maternel de la terre
Que mon désir, content de peu, se désaltère.
Jamais je n'eus besoin d'un autre, et je m'y tiens.
Mais quels besoins sans nom et sans but, que les tiens!
En rafraîchir l'avide aridité de cendre,
Le peut-on? J'ai cherché. Quoi! Dans quel puits descendre?
J'irais partout, après de pareils entretiens.

FLAMMEOLA.

Partout!

ZYTHOPHANÈS.

J'y suis allé. Jusque chez les Chrétiens,
Tu vois!

FLAMMEOLA.

Ah ! Et c'est vrai, ce qui court sur leur compte?

ZYTHOPHANÈS.

Tout, non. Mais je pensais : « Des bourdes qu'on en conte
« Si le quart seulement n'est pas trop mensonger,
« Flammeola peut-être, en leur culte étranger,
« Trouvera-t-elle un brin de neuf qui la réveille. »

FLAMMEOLA.

Et m'en rapportes-tu quelque étrange merveille?

ZYTHOPHANÈS.

Ils adorent, dit-on, un agneau mis en croix,
Et mangent de la chair humaine.

FLAMMEOLA.

Tu le crois?

ZYTHOPHANÈS.

C'est possible. Des gens de rien, de la vermine,
Un tas de gueux suant la haine et la famine,
Qu'ils en arrivent là, je n'en suis pas surpris.
Mais ces détails n'avaient, en somme, pas grand prix.
Ce qui m'intéressait, songeant à ton envie,

C'est la conception qu'ils se font de la vie,
Et que la tienne y pût rattiser son flambeau.

FLAMMEOLA.

Eh bien?

ZYTHOPHANÈS.

Eh bien! non, va. Ce n'est ni gai ni beau.
Ils méprisent l'idée et la splendeur des formes.
La raison et ses lois, néant! L'art et ses normes,
Rien! Plus de joie! On est sur terre pour pâtir.
Le rêve? Confesser l'absurde, être un... martyr!
Plus on est misérable, infirme, affreux, débile,
Pauvre d'esprit, souffrant de corps, mieux on jubile.
Le niveau des plus bas sert de commun niveau.
Bref, c'est l'apothéose, en leur monde nouveau,
De tout ce qui nous fait horreur, à nous, vieux monde,
Du dément dans l'infâme et du laid dans l'immonde.

FLAMMEOLA.

Hélas! si même en vous, flots de boue et de sang,
Je ne puis espérer le bain rajeunissant,
Il faudra donc que j'aille aux flots des fleuves sombres
Chercher le bain d'oubli parmi les pâles Ombres!

ZYTHOPHANÈS.

Que dis-tu là?

FLAMMEOLA.

Je dis.. vrai, quoiqu'en déclamant.
Je dis... que je voudrais mourir.

ZYTHOPHANÈS.

Comment!

FLAMMEOLA.

Comment?
Je ne sais trop. Mais toi, cher, qui sais tant de choses,
Apprends-le-moi. La coupe en main et sous les roses
Nous en disserterons finement à loisir;
Et je compte sur ton amour pour me choisir
Une mort à qui rien en moi ne se rebelle,
Une mort tout ensemble et très douce et très belle.

ZYTHOPHANÈS.

Charmant!.. J'y penserai, bien!

FLAMMEOLA.

Ne sois pas moqueur!
Ce que je t'ai dit là vient du fond de mon cœur.

ZYTHOPHANÈS.

Mais, voyons, ce n'est pas possible!

FLAMMEOLA.

                          Assez, de grâce !
Oh ! là-dessus, tous les lieux communs qu'on ressasse !
Je n'y répondrais pas. Épargne-m'en l'ennui.

ZYTHOPHANÈS.

Enfin, tu veux mourir, soit ! Mais pas aujourd'hui,
Tout de suite ?

FLAMMEOLA.

      Cela dépend.

ZYTHOPHANÈS.

                De quoi ?

FLAMMEOLA.

                      J'ignore.
Du vent qui va souffler, du ton qu'aura l'aurore.

ZYTHOPHANÈS.

Hein ! l'aurore ! Déjà ! Sitôt ! Oh ! non, non !

FLAMMEOLA.

                            Si !
Pourquoi pas ?

ZYTHOPHANÈS.

Que c'est mal de m'affoler ainsi!

FLAMMEOLA.

Rappelle ta raison, philosophe, sois sage.
La mort, tu me l'as dit souvent, n'est qu'un passage,
Et... Tu pleures!... Allons, je veux bien y surseoir
Jusqu'à... Tiens! Sphoragmas devait venir ce soir,
Sphoragmas, le marchand de monstres. S'il m'amène
De quoi m'intéresser, oh! pas une semaine,
Pas même un jour, mais rien qu'une heure seulement.
Je le retarderai d'un mois, le noir moment.
Dis que je ne suis pas d'humeur accommodante!

ZYTHOPHANÈS.

Ah! tu m'effrayais moins, grave et la voix ardente,
Qu'en ce léger babil au vol insoucieux,
Sourire de tes mots que démentent tes yeux!
Maintenant, j'en suis sûr, ta mort est décidée.

(Il s'enveloppe la tête de sa toge, et se laisse choir sur son lit en sanglotant, la face dans ses bras, tandis que Flammeola, rêveusement, effeuille une rose dont elle lui jette les pétales.)

FLAMMEOLA.

Allons, secoue un peu cette lugubre idée.

(On entend une musique lointaine et sautillante.)

Tiens, à ce rythme allègre. Entends comme il accourt!
Crembales, sistre, flûte aiguë et tambour sourd!
C'est l'homme.

SCÈNE IV

Les Mêmes, esclaves des deux sexes, LALAGÉ, LEUCONOË, CAPPADOX; puis les musiciens, augmentés d'une joueuse de sistre, d'un timbre, d'un tambour, d'une crembaliste; puis, SPHORAGMAS, précédant six porteurs de litières droites.

(Les esclaves et Cappadox arrivent par le jardin derrière la triclea. Sphoragmas et son cortège viennent en défilé par la galerie à ciel ouvert.)

LES ESCLAVES, poussant des cris.

Io!

CAPPADOX, les fouaillant.

Pas tant de cris, ni de cohue!

(Ils se rangent tous pour laisser entrer Sphoragmas et son cortège. Le musiciens vont se placer à gauche sur le banc de mousse. Les porteurs posent les trois litières au fond à gauche)

SPHORAGMAS.

Sphoragmas, le marchand de monstres, vous salue.

FLAMMEOLA.

En retard!

SPHORAGMAS.

Mais, toujours!

FLAMMEOLA.

Et tes monstres?

SPHORAGMAS, montrant les trois litières.

Là! Trois.
Et tu n'as point perdu pour attendre, je crois.

ZYTHOPHANÈS, à part.

Tant mieux! Dire qu'en lui gît mon espoir suprême!

SPHORAGMAS, avec une voix de boniment.

J'ai plus noir que l'Erèbe et plus blanc que la crème,
Du petit et du grand, du fort, du gracieux,
Produits des cieux brûlés et des polaires cieux.
Car il n'est point au monde un pays, fût-il vierge,
Du fond de l'Orient où le soleil émerge
Jusqu'au fond du ponant où sous l'onde il s'enfuit,
Depuis Thulé, là-haut, spectrale dans la nuit,
Jusqu'à l'autre Thulé, là-bas, après l'Afrique,

Il n'est pas un pays, dis-je, affreux, chimérique,
Absurde, où Sphoragmas n'ait des correspondants,
Si bien que vont pour vous surgir de là dedans,
Spectacle hyperboleux, triforme et polypreste,
Des êtres, des... ce que vous allez voir, du reste.

ZYTHOPHANÈS, à Flammeola.

Il ne parle pas mal.

FLAMMEOLA.

Un peu barbarisant.

ZYTHOPHANÈS, à part

Pourvu qu'ils soient bien fous, ses monstres!

SPHORAGMAS.

A présent,
Attention! J'exhibe.
(Il va prendre dans la petite litière une sorte de paquet qu'enveloppe un carré de laine, et qu'il dépose à terre avec précaution.)

Et, sous cette humble mante
Qu'exhibè-je? A la fois un nègre garamante,
Un avale-tout-cru de serpents à venin,
Un gibbeux, un muet, un sourd, un mime, un nain,

Une tête-de-loup idoine au ramonage,
Et les huit réunis dans un seul personnage.

> (En disant ces derniers mots, il arrache d'un geste la couverture, et l'on voit un nain noir, à tête et chevelure énorme, grimaçant et gesticulant.)

LES ESCLAVES.

Oh! Ah!

LALAGÉ.

Qu'il est petit!

LEUCONOË.

Qu'il est drôle!

SPHORAGMAS, à cette servante qui s'est approchée.

Un mari
Pour toi!

LEUCONOË, se sauvant.

Oh! non!

TOUS, riant aux éclats.

Ah! ah! ah!

ZYTHOPHANÈS, regardant tristement Flammeola.

Elle n'a pas ri.

FLAMMEOLA, à Sphoragmas.

Écarte de mes yeux ce hideux exemplaire
De l'homme. Un monstre doit être beau pour me plaire.
Si tu n'as à montrer que de ces horreurs-là,
Va-t'en !

SPHORAGMAS, après avoir renvoyé le nain.

Du beau ! J'en tiens aussi, Flammeola.

(Se tournant vers la seconde litière.)

Parais, Thomrys !

(A cet appel, Thomrys sort de la litière, d'un pas voltigeant, et l'allure néanmoins farouche. Elle est vêtue d'un corselet en peau et d'une petite jupe en fourrure, le tout gris sur blanc. D'un bonnet rond, en fourrure aussi, qui lui calotte le sommet du crâne, s'échappe sa longue, épaisse et blonde chevelure, qu'elle ramène sur son visage.)

TOUS, avec admiration.

Ah !

SPHORAGMAS, d'un ton de triomphe.

Ah !...

(Reprenant la voix de boniment)

Thomrys, dompteuse Scythe !

Dompteuse, et danseuse !

TOUS, même jeu que plus haut

Oh!

SPHORAGMAS, continuant.

Des ours blancs, qu'elle excite,
Sont l'effroyable attrait de ses folâtres jeux,
Quand, bondissant parmi les grands fauves neigeux,
Entre leurs crocs aigus que son charme bâillonne,
Elle-même, flocon de neige, papillonne.

THOMRYS.

Seulement...

FLAMMEOLA.

Seulement?

THOMRYS.

Ce qu'il ne te dit pas,
C'est que rien, ni les coups, ni la peur du trépas,
Ni personne, qui que ce soit qui m'y convie,
Ne me fait danser, quand... je n'en ai pas envie.
Je suis comme mes ours, moi, sans en avoir l'air.
Sous mes cheveux légers en or fluide et clair,
Avec mes yeux d'enfant et ma voix argentine,
Avec mon teint de lait où flotte une églantine,

Je suis sauvage. Il faut me charmer. Et, mon pas,
N'espère point le voir. Tu ne me charmes pas.

TOUS, indignés,

Oh!

FLAMMEOLA.

C'est tant pis. Car toi, tu me charmes, petite.

ZYTHOPHANÈS, à Flammeola.

Très curieuse, elle!

FLAMMEOLA.

Oui, d'une grâce inédite.

ZYTHOPHANÈS.

Tu l'apprivoiseras.

FLAMMEOLA.

M'en préservent les Dieux!
Cet air lui va si bien, farouche et radieux!
(Elle détache de son cou un collier de perles et le lui jette.)
Tiens!... Ces perles feront à merveille sur elle.

THOMRYS, qui a attrapé le collier au vol.

Oh! comme c'est joli!
(Elle s'accroupit, joue avec les perles, les fait rouler dans ses mains.)

3.

Blanc!.... Tout rond!...

(Brusquement, d'un geste enfantin, elle brise le fil du collier et fait sauter les perles en l'air autour d'elle, puis se pelotonne en imitant avec ses lèvres le bruit de la grêle.)

Grrr! Il gr

SPHORAGMAS.

Es-tu folle! Un collier de perles à trois rangs!

FLAMMEOLA.

Elle est exquise! C'est entendu, je la prends, Sphoragmas.

SPHORAGMAS, se frottant les mains.

Bien!

ZYTHOPHANÈS.

Et ton troisième monstre, qu'est-ce?

SPHORAGMAS, d'un air mystérieux et alléchant.

Oh! celui-là!...

(Avec enthousiasme.)

Que n'ai-je un tambour à la caisse
Couverte d'une peau d'onagre, un buccin d'or,
Des sistres, et moi-même une voix de Stentor,
Pour vous tonitruer son nom et son histoire

En annonciateur extratriomphatoire!
Mais à quoi bon, d'ailleurs? Il est assez connu.
C'est lui, sans bouclier, sans casque, poitrail nu,
Qui, dans les derniers jeux, fit mordre la poussière
A Frons le Myrmillon, Sciphros le rétiaire,
Alexander le Thrace, Angorix le Gaulois,
Et, sublime inventeur d'ambidextres exploits,
Car sa droite et sa gauche, à lui, sont isocèles,
Mit deux fers d'un seul coup au creux des deux aisselles
De Porphyrophoros l'hoplomaque géant,
Si bien que l'Empereur en personne, béant,
Pour faire de ce Mars le roi de ses quinquerces.
En offrit six cents fois six cent mille sesterces!

FLAMMEOLA.

Quoi! Ce gladiateur...!

SPHORAGMAS.

       Invincible, inouï,
Prodigieux, unique, uniquissime!... Eh! oui,
Lui-même. Et si, devant des trouvailles pareilles,
Ta stupéfaction n'en croit pas tes oreilles,
Crois-en tes yeux, du moins, et tous, de tous vos yeux,
Regardez!
 (Il a brusquement, en prononçant ce dernier mot, tiré le voile de la grande litière, où l'on voit, debout, les bras croisés, le casque clos, un gladiateur encadré dans un large éventail de palmes.)

FLAMMEOLA.

C'est lui ?

SPHORAGMAS, au gladiateur.

Viens!

(Le gladiateur sort de la litière et s'avance d'un pas. Les esclaves suivent ce mouvement, et font cercle autour de lui, mais à distance respectueuse, et avec des mines d'enthousiaste curiosité.)

LALAGÉ, à la seconde servante.

Vois!

LEUCONOË, à une troisième.

Vois!

(Sphoragmas ôte le casque du gladiateur.)

TOUS.

Lui!

LES DEUX SERVANTES.

Merveilleux!

ZYTHOPHANÈS, à Flammeola.

Admirable!

FLAMMEOLA.

Admirable, en effet!

SPHORAGMAS, au gladiateur, qui a toujours les bras croisés.

         Ouvre l'arche
De tes épaules. Fais jouer tes muscles. Marche.
*(Le gladiateur obéit, étend ses bras, fait quelques pas, puis reprend
sa première posture, sombre, et les bras croisés.)*

SPHORAGMAS.

Qu'en dites-vous? Est-ce un spectacle!

THOMRYS, d'abord de son coin, puis rampant vers le gladiateur.

         Comme il a
L'air triste!
(Montrant la chaîne qui relie les deux chevilles du gladiateur.)

   Cette chaîne aux pieds! C'est pour cela.
Pauvre homme! Si tu veux, toi, tu seras mon frère;
Et si mon petit corps dansant peut te distraire.
Je danserai pour toi, grand, tant que tu voudras.

SPHORAGMAS, écartant Thomrys, et faisant, du bout de sa baguette,
la montre détaillée du gladiateur.

Est-il beau! Tout! Col! Flancs! Jambes! Poitrine! Bras!

ZYTHOPHANÈS.

La perfection même! Un de ces purs athlètes

En qui, splendeur des dieux d'Hellas, tu te reflètes.

(A Flammeola.)

Phidias en eût fait un marbre au Parthénon.

SPHORAGMAS, au gladiateur.

Dis-leur, comme tu sais, ton histoire et ton nom,
Héros, prince des plus héroïques milices,

LATRO.

Ce prince est un esclave, évadé des supplices.
Longtemps je fus brigand, l'effroi du voyageur.
Combien de gens sont morts sous mes poings d'égorgeur,
Je ne m'en souviens plus, tant la liste en est grande.
Comme il faut au destin que le plus fort se rende,
Une nuit que j'étais ivre-mort, il advint
Que des hommes m'ont fait captif. Ils étaient vingt.
Les fourches m'attendaient, et leur lente torture.
Mais le préteur m'admire, à la gladiature
Il m'envoie; Adrastès le laniste m'instruit;
Et six mois de leçons, pas plus, ont eu pour fruit
La victoire à laquelle applaudit Rome entière,
Ces palmes dont je peux me faire une litière,
Ces médailles, la gloire, et d'être maintenant
Ceci, que Sphoragmas t'amène en l'enchaînant,

Monstre à vendre parmi ses monstrueux élèves,
Tétrinius Latro, le Samnite aux deux glaives.

(Le dernier vers accompagné d'une figure d'escrime à moulinet ambidextre.)

FLAMMEOLA.

Si c'est moi qui t'achète, en souffriras-tu?

LATRO.

Non.
Quand tout l'amphithéâtre eut acclamé mon nom,
Et que le donateur des jeux m'eut fait remettre
Le sceptre m'octroyant le droit d'élire un maître,
Pouvant être à César, je ne l'ai point voulu.

(Montrant Sphoragmas.)

Mais lui, m'offrit d'entrer chez toi. Cela m'a plu.

FLAMMEOLA.

Pourquoi?

LATRO.

Te souviens-tu qu'un soir, chez les Ligures,
Voilà trois ans, des gens aux sinistres figures,
Masqués de noir, hurlant, le poignard à la main,
Assaillaient ta litière au tournant d'un chemin?

FLAMMEOLA.

Oui. La troupe de mes esclaves prit la fuite.
Moi, je m'évanouis, épouvantée.

LATRO.

Ensuite?

FLAMMEOLA.

Quand je revins à moi, j'eus cet étonnement,
Qu'on ne m'avait rien pris ni fait de mal. Comment
Me retrouvai-je, saine et sauve, et, mieux encore,
Ma litière, dans une auberge, je l'ignore:

LATRO.

Apprends-le. Tu gisais, pâle et morte à moitié.
Pour la première fois, je connus la pitié.
D'où pouvait naître, au fond de ma brute cervelle,
L'étrange éclosion de cette fleur nouvelle?
D'où venait à mon cœur, dans le meurtre endurci,
Ce tendre et doux besoin de s'amollir ainsi?
Je ne sais pas. On a de ces troubles sans cause.
Tu me parus très bonne et très belle. Une rose
Était dans ta main. Puis, ton nom, Flammeola,
Qu'on m'avait dit, chantait en moi. C'est tout. Voilà.

FLAMMEOLA.

Être à l'âme d'enfant dans un corps de statue.
Je te garde. Sois près de moi l'homme qui tue.

LATRO

Reçois mes grâces.

FLAMMEOLA, à Zythophanès.

Toi, cher, ne prends plus souci
De ma mort; car la mort qu'il me faut, est ici.
Nulle ne pouvait mieux s'accorder à mon rêve
Que celle qu'il m'apporte, éblouissante et brève.

ZYTHOPHANÈS, protestant et stupéfait.

Quoi!

FLAMMEOLA, lui mettant la main sur la bouche.

Chut!

ZYTHOPHANÈS, rassuré.

Oh! non! Il n'y consentira jamais.

FLAMMEOLA.

Je l'y déciderai.

SPHORAGMAS.

Pardon ! Je me permets,
Sans doute incongrûment, d'interrompre un colloque
Où vos voix sont de pourpre et la mienne une loque;
Mais j'ai là-bas encor deux très rares sujets...
(Sur un geste de Flammeola qui veut lui couper la parole.)
Deux surprises, gratis, que je vous ménageais.
Mais pas à vendre.
(A Cappadox)
Ils sont dans l'ergastulerie.
Va les chercher.
(Cappadox sort en courant par la gauche.)

FLAMMEOLA.

Non ! Plus personne !

SPHORAGMAS.

Je t'en prie !
Si tu savais, ceux-là, quel mal pour les avoir !
Rien qu'en remerciement de ça, tu dois les voir.
Ah ! m'en a-t-il fallu, du biais et du mensonge !
Je leur ai dit qu'à toi, près de mourir, un songe
Les avait désignés, expressément élus,
Comme les deux sauveurs faits pour tes deux saluts,
(Oui, le salut des corps et le salut des âmes,

C'est leur patois), et qu'ils seraient cruels, infâmes,
En refusant, et bref, qu'après, moi, toi, les tiens,
Ils nous baptiseraient, tous! Ce sont deux chrétiens.

TOUS, riant aux éclats.

Ah! ah! ah!

LALAGÉ.

Des chrétiens!

LEUCONOË.

On va rire.

LALAGÉ.

Est-ce drôle!

TOUS, riant aux éclats.

Ah! ah!

(Pendant que se gaussent ainsi les esclaves et Sphoragmas, paraissent les deux chrétiens suivis de Cappadox, dans le fond, sur les marches du portique central de la galerie.)

SCÈNE V

Les Mêmes, JOHANNÈS, ARUNS.

ARUNS, écartant violemment les esclaves.

Je m'en doutais !

(A Johannès.)

Tu vois, frère, à quel rôle
On ravalait ici notre mandat sacré !

JOHANNÈS.

Calme-toi ! Tais-toi !

ARUNS.

Non ! C'est trop. Je parlerai.
Mais regarde ! Ces fleurs, cette table rougie,
Ces flambeaux, ces donneurs de spectacle ! Une orgie !
Et c'est pour en fêter les deux amphitryons
Qu'on nous a fait venir comme des histrions.
Eh bien !...

TOUS LES ESCLAVES.

Oh ! oh ! Assez !

(Sphoragmas et Cappadox font mine de l'empoigner.)

FLAMMEOLA.

     Laissez-le parler. libre,
Sans l'interrompre.
  (A Aruns)
  Va !
   (A Zythophanès)
  J'aime sa voix qui vibre.

ZYTHOPHANÈS.

Puisqu'il doit t'amuser, bon ! Soyons indulgents.

ARUNS.

Amusez-vous, si vous le pouvez, pauvres gens !
Ayez ce bref éclair sur vos mornes visages ;
Toi, vieux fou, vain porteur de la barbe des sages.
Dont ne s'empourpre plus au feu d'aucun remords
Le front plus dénudé que le crâne des morts ;
Et toi, femme. qu'on nous disait à l'agonie,
Et qui l'es en effet, mais d'une affre infinie,
Car si ton corps n'est pas près des derniers instants,
Ton âme est déjà morte en toi depuis longtemps.
Ah ! tu t'imaginais, sépulture vivante,
Qu'après tes baladins de grâce ou d'épouvante,
Ces chrétiens t'offriraient un plus vierge agrément !

La boue emplit ton cœur comme un marais dormant,
Et tu pensais : « Le rire est un flot clair qui lave. »
Ce qui lave encor mieux, c'est un torrent de lave.
Maudite sois-tu, femme aux vœux inassouvis,
Dans la débauche et dans la tristesse où tu vis !
Maudite en tout, partout, toujours et tout entière !
Dans tes désirs mort-nés qui sont un cimetière,
Dans tes yeux éteints, pleins des cendres de l'orgueil,
Dans tes rêves, grouillant de vers comme un cercueil,
Dans les fleurs de tes seins, dans les fruits de ta bouche,
Dans tes flancs dont l'amour stérile a fait sa couche,
Dans tes pieds, qui pouvaient par un chemin de miel
Te porter triomphante et lumineuse au ciel,
Et qui te conduiront par des sentiers funèbres
Au pays infernal des hideuses ténèbres,
Au pays où sans trêve et désespérément,
Toute l'éternité n'est qu'un gémissement !
Oui, maudite sois-tu, femme, dans tout ton être !
Et maudit soit le monde aussi qui t'a fait naître,
Ce vieux monde pourri de luxe et de péchés,
Dont les murs sont déjà par nos torches léchés,
Qui craque, et qui bientôt, sous la flamme agrandie,
Ne sera plus qu'un large et croulant incendie,
Aube rouge de notre avril resplendissant,
Aube des jours qui vont fleurir, aube de sang !

ZYTHOPHANÈS.

Il déclamerait bien dans une tragédie.

SPHORAGMAS.

Veux-tu, pour dénouement, que Latro l'expédie?

ARUNS, présentant sa poitrine à Latro.

Frappe! frappe! O délice! Extase! Être un martyr!

LATRO, à Flammeola pensive.

Faut-il frapper?

TOUS LES ESCLAVES.

Oui, oui!

FLAMMEOLA, se levant comme sortant d'un songe.

Non!

(En se rasseyant, après un silence, aux deux chrétiens.)

Vous pouvez partir.

JOHANNÈS.

Je ne partirai pas cependant, pauvre femme,
Sans t'avoir dit, au nom d'un culte qu'on diffame,
La profonde pitié que m'inspire ton mal.
Il t'a représenté, lui, le flot baptismal
Comme un torrent de lave et de flamme et de haine.
Excuse-le. L'ardeur du martyre l'entraîne.

Il a beaucoup souffert et vu souffrir beaucoup.
Il voudrait que sa fleur s'épanouît d'uu coup,
Dans les cris, dans le sang, dans la terreur, n'importe !
Le lis consolateur que mon Sauveur t'apporte,
Moi, c'est plus lentement, c'est tendrement, ma sœur,
Avec des mains de frère aux gestes de douceur,
Que je veux te l'offrir si ton deuil le réclame,
Pour te le faire éclore au plus secret de l'âme.
Elle est morte, ton âme. Il dit la vérité.
Mais Christ aussi mourut. Christ a ressuscité.
On peut ressusciter avec lui. quand on l'aime.

(A Aruns.)

Frère, regarde donc comme sa face est blême,
Comme ses tristes yeux sont un grand lac de pleurs.
Ils ont quand même, ces faux heureux, leurs douleurs;
Leurs peines, ces oisifs; ces riches, leur misère.
Riches du superflu, pauvres du nécessaire,
Ils vont, à leur façon, affamés et pieds nus ;
Et c'est pour eux aussi que les jours sont venus.
A tous les indigents Christ a promis sa trêve.
D'autres manquent de pain. Ceux-ci manquent de rêve.
Plus délaissés qu'un gueux sur le bord d'un chemin.
Ils nous tendent le cœur comme un gueux tend la main
Ah ! ne voudras-tu pas leur être charitable?
N'auront-ils point leur place à la divine table?

Si, si, d'en haut, d'en bas, grands ou petits, venez,
Tous les déshérités, tous les abandonnés,
Tous ceux qu'a mal repus ou trop repus la vie !
C'est pour tous que la table adorable est servie.
O femme, c'est pour toi, donc. N'y viendras-tu pas,
Partager avec nous le fraternel repas ?
Oui ; je le vois déjà te poindre au fond de l'âme,
Le lis consolateur que ton espoir réclame.
Laisse-le doucement grandir, tout doucement.
Bientôt arrivera l'ineffable moment
Où tu vas en sentir l'odeur suave et pure.
Alors, viens me chercher, tout en haut de Suburre.
J'y catéchise, dans leurs bouges, leurs taudis,
Des vappes, des filous, des louves, des bandits,
Des meurtriers, un tas de gueux de toute espèce,
Déchets d'humanité qu'avec sa lie épaisse
Rome infâme a cent fois vomis et revomis,
Et qui sont des souffrants comme toi, mes amis.
Là, de mon Dieu d'amour, dont leurs cœurs sont le trône,
Pauvre cœur désolé, je te ferai l'aumône,
Et c'est dans cet immonde et céleste abreuvoir
Que tu boiras le vin de ton rêve. Au revoir !

ACTE II

UNE POPINE, DANS LE HAUT QUARTIER DE SUBURRE

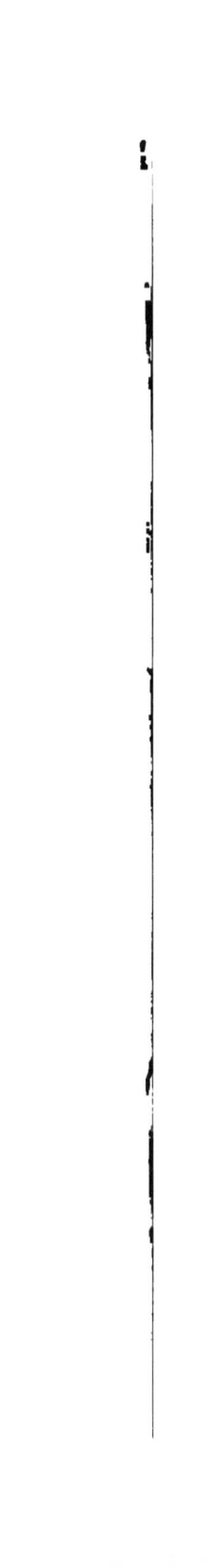

ACTE II

La scène est divisée en trois parties, de la rampe au fond.

La première partie, près de la rampe, représente la cour intérieure de la popine, avec bancs de pierre le long des murs. A droite, en biais, au second plan, une porte basse descendant aux caveaux. Au fond, au milieu, un escalier de six marches.

La seconde partie, exhaussée de ces six marches et séparée de la première par une balustrade, représente la popine, avec des tables où l'on mange, surtout à droite; et le comptoir à gauche, le comptoir donnant en angle sur la rue, et à cet angle se trouvant la porte d'entrée.

La troisième partie représente la rue, qui dévale de droite à gauche, formant là un tournant, et qui n'est séparée de la boutique que par des colonnes et un mur à hauteur d'appui.

C'est le plein jour. La popine est éclairée par la cour et par la rue.

SCÈNE PREMIÈRE

En bas, dans la cour, assis sur les bancs de pierre, ou sur les marches de l'escalier, ou accroupis sur le pavé contre la muraille, TRULLA, MURRHINA, SERGIUS, L'INFIRME, PALUS, TRUCIDO, D'AUTRES GUEUX DES DEUX SEXES. A gauche, isolés, LATRO et THOMRYS.

En haut, dans la popine, CONGRIO, PSYLLIUM, LABRAX, GLUBENS, buveurs au comptoir, mangeurs attablés, parmi lesquels deux groupes distincts, BUCCO dans l'un, et, dans l'autre, RUFUS et SCAPHA avec un enfant à la mamelle.

Plus haut encore, dans la rue, passants et passantes presque tous descendant vers la ville.

PSYLLIUM, désignant à Labrax un passant arrêté au comptoir extérieur.

Des fritons dans un pain! Sers donc!

(Labrax sert le passant.)

RUFUS.

Encore un conge, Psyllium! Bon train!

PSYLLIUM, l'apportant sans se hâter.

Oui, voilà.

RUFUS.

Tortue!

PSYLLIUM, déposant le conge sur la table.

Éponge!

(A Congrio, qui vient du fond à droite, et qui se dirige vers l'escalier menant à la cour, avec une grande marmite à anse.)

Tu vas servir les gueux toi-même?

CONGRIO.

Oui, femme, au trot.
Quand c'est toi qui les sers, tu leur en donnes trop.

L'ENFANT, dans les bras de Scapha

Hin! Ouin!

BUCCO.

Oh! pas de cris d'enfant!

SCAPHA, passant l'enfant à Rufus.

Tiens! Fais-le taire.

(Rufus verse du vin dans la bouche de l'enfant.)

SCÈNE II

Les Mêmes, LA PANTHÈRE.

LA PANTHÈRE, entrant en coup de vent par la porte du fond.

Quelqu'un vient-il aux jeux avec moi, la Panthère?

BUCCO.

La tribu des yeux creux!

LA PANTHÈRE.

Celle des ventres pleins!

RUFUS.

Tu ne veux pas t'asseoir, faiseuse d'orphelins?

LA PANTHÈRE.

Ce n'est pas de refus, soit, faiseur de marmaille.
Car j'aime les enfants.

L'ENFANT.

Ouin!

LA PANTHÈRE.

Surtout quand ça braille.
C'est signe qu'ils seront batailleurs à vingt ans.

SCAPHA.

Tu n'en as pas, d'enfants, toi?

LA PANTHÈRE.

Je n'ai pas le temps.

(Elle a pris l'enfant et le câline. Les buveurs et les mangeurs de la popine se sont remis à boire et à manger. En bas, les gueux, servis par Congrio, se repaissent silencieusement, quelques-uns avec avidité. Certains, dont Sergius et Murrhina, regardent la pitance, leur écuelle posée sur leurs genoux, sans y toucher)

THOMRYS, à Latro.

Toujours triste, Latro! Toujours le regard sombre!

LATRO.

Pourquoi m'as-tu suivi, toi?

THOMRYS.

Demande à ton ombre
Pourquoi ton ombre suit tes pas. Demande aussi
Pourquoi Flammeola va tout à l'heure ici
Suivre cet homme qui depuis une semaine
A travers les quartiers dangereux la promène.

ACTE II. — SCÈNE II.

RUFUS, s'arrêtant de manger.

Par Cérès et Bacchus, dieux du pain et du vin,
S'empiffrer sans rien dire est le plaisir divin.

BUCCO.

Silence, alors! Mets à ta langue des fibules.
Tu n'as pas la parole. Elle est aux mandibules.

(Ils se remettent à manger et à boire en silence.)

THOMRYS, à Latro.

C'est toi qui devrais être au poste du danger
Près de Flammeola que tu peux protéger.
Mais non! Elle t'envoie ici monter la garde
Parmi ces gens dont rien n'est à craindre, regarde;
Et cependant que tu te morfonds dans l'ennui
A l'attendre, c'est lui qui l'accompagne, lui!
Sous prétexte de voir l'existence chrétienne,
Elle est son ombre à lui comme je suis la tienne;
Pour la même raison, va, la même.

LATRO, violemment

       Tu mens!

Assez!

GLUBENS, du haut de la balustrade, à part, en regardant manger les pauvres.

Qu'est-ce qu'ils ont dans tous ces pots fumants?

(Il renifle longuement ; puis, à pas titubants, ayant quitté la balustrade il veut descendre par l'escalier)

PSYLLIUM.

Pas par là, hein! Ivrogne!

GLUBENS, la voix avinée.

Et pourquoi, friturière?

(Il dégringole jusqu'au bas de l'escalier.)

Ça me plaît, moi, d'aller dans la cour de derrière.

(Montrant les gueux.)

Ils y sont bien, eux!

PSYLLIUM, venant lui tirer le bras.

C'est loué pour eux, le bas.

GLUBENS, remontant.

Ah! Par qui?

PSYLLIUM.

Par quelqu'un que tu ne connais pas
Et qu'ils attendent.

ACTE II. — SCÈNE II.

GLUBENS.

Bon! je vais aussi l'attendre.

(Entraînant Psyllium qu'il essaie de prendre à bras-le-corps.)

Et même en t'embrassant, toi, car j'ai le vin tendre.

PSYLLIUM, à Congrio qui a le dos tourné.

Congrio!

CONGRIO, à Glubens, d'en bas.

Sors d'ici, brute! Ou gare à mon poing!

(Glubens poussé par Psyllium va s'échouer à la table de Rufus.)

TRULLA, à Congrio qui lui coupe du pain.

Johannès viendra-t-il bientôt?

CONGRIO.

Je ne sais point.
Mange toujours. Il a payé. Je distribue.

GLUBENS, qui tient une coupe et qui vient de la vider.

Dis donc, toi! Ton vin sent la boisson déjà bue.

(Il jette vers Congrio la coupe, qui vient se briser sur le pavé de la cour.)

CONGRIO, à Labrax.

Labrax, cogne dessus!

GLUBENS, à Labrax qui s'avance vers lui, les bras en rond.

                Eh bien! essaie!... Ah! mais!
Tu ne me connais pas, va! Si je me nommais,
Les bras t'en tomberaient, oui, tes deux anses, cruche.

LABRAX, allongeant la tête vers lui.

Nomme-toi donc!

GLUBENS.

                  D'abord, rentre ton cou d'autruche.
Ça met ton nez trop près du mien. Or, moi, les nez,
Quand ils sont, tel le tien, des nez auberginés,
Me dégoûtent. J'ai mal au cœur. Je m'estomaque.
Et je les mouche. Avec mes dents. C'est mon attaque.
Et prends garde, tu sais; parce que, si je mords,
C'est venimeux. Je suis Glubens, laveur de morts.

LABRAX, l'empoignant au col.

Et moi Labrax, rinceur de vivants.

RUFUS, BUCCO, SCAPHA, MANGEURS et BUVEURS.

                          A la porte!

CONGRIO, d'en bas.

A-t-il payé?

PSYLLIUM.

D'avance, et deux fois.

CONGRIO, à Labrax.

Bien. Emporte!

(Labrax prend à bras-le-corps Glubens qui se débat ; puis le met sous son bras, le porte quelques pas, et finalement le dépose sur le seuil, le dos tourné vers la rue.)

LABRAX.

Tiens! Va laver tes morts dans le sang de ton nez!

(D'un grand coup de poing en plein visage, il l'envoie rouler dans la rue, où l'accueillent des bourrades, parmi lesquelles l'ivrogne se perd en dévalant.)

RUFUS.

Psyllium, nos poissons!

PSYLLIUM, les apportant sur sa main gauche.

Voilà! Gras! Safranés! Frits dans l'ail! Une fleur!

BUCCO.

Et nous, notre garbure?

PSYLLIUM, la présentant de sa main droite.

Prends!

(Les mangeurs se remettent à engloutir.)

TRULLA, qui a suivi Congrio servant les gueux de droite.

La dame qui suit Johannès dans Suburre,
Viendra-t-elle avec lui tantôt?

CONGRIO.

Je crois, Trulla.

BUCCO, mangeant.

Fameux!

CONGRIO, à Trulla.

Puisqu'il a tout payé, c'est qu'elle est là.

RUFUS.

Du vin!

(Labrax lui porte du vin.)

TRULLA, à Congrio.

Elle est si bonne aux pauvres que nous sommes!

CONGRIO.

Et Johannès si dextre à lui tirer des sommes!

TRULLA.

Pour les pauvres.

CONGRIO.

Pas pour eux seuls, va. Mais suffit!
Lui, vous et moi, chacun y trouve son profit.
C'est le principal. Donc!

(Avec le geste d'un qui s'en moque.)

THOMRYS, à Latro.

Entends-tu?

LATRO.

Que m'importe?

THOMRYS.

Quand l'aigle aux doigts crochus tient sa proie, il l'emporte.
L'aigle, c'est Johannès. La proie en son pouvoir...

LATRO.

Tais-toi! Je ne veux rien entendre ni rien voir.

THOMRYS, voulant insister.

Mais...

LATRO, s'enveloppant la tête dans son capuchon.

Non!

TRULLA, à Congrio.

Crois-tu qu'on nous donnera quelques onces?

SCÈNE III

Les mêmes, UN SOLDAT.

UN SOLDAT, entrant avec de grands gestes.

A boire! J'ai le cou dallé de pierres ponces.
Frais! Avec de la neige, eh!

PSYLLIUM.

Tes deux as?

LE SOLDAT

Merci!

Avant de boire?

CONGRIO, montant dans la popine.

Avant. C'est l'habitude ici.
D'ailleurs, on ferme. Éteins les fourneaux à friture,
Labrax.

BUCCO et RUFUS.

Oh! non.

CONGRIO, à Labrax.

Éteins! Et mets la devanture.

(Labrax commence à clore la popine sur la rue.)

LE SOLDAT.

En plein jour!

CONGRIO, montrant la rue où les passants sont devenus de plus en plus rares.

Et les jeux! C'est l'heure. Le quartier
Se vide. Vois plutôt. Le peuple tout entier
Est là-bas... Un spectacle, aussi, pas ordinaire,
Songe donc! Lucceia, la mime centenaire,
Reprend le rôle qu'à vingt ans elle y dansa.

LE SOLDAT.

Quel?

CONGRIO.

Pasiphaé! Nue! Et tu veux manquer ça?

LE SOLDAT et LA PANTHÈRE, qui lui prend le bras.

Mais non!

BUCCO.

Ni moi!

RUFUS.

Ni moi!

CONGRIO.

Dépêchez donc! Qu'on ferme!

(Ils mettent dans du pain les nourritures qui leur restent, finissent le vin, et s'en vont les uns après les autres, tandis que Congrio aide Labrax à poser les derniers volets, de façon que dans un instant il ne demeure plus d'ouverture que la porte.)

PSYLLIUM, à Congrio et à Labrax.

Clavetez les barreaux, n'est-ce pas? Tous! Et ferme!
Quand Suburre est déserte et sans gardes urbains,
Il fait bon mettre les targettes à corbins.

CONGRIO.

Ne crains rien. Les corbins sont neufs; les ais, en chêne.

(Poussant dehors les derniers buveurs.)

Houp!

PSYLLIUM, à Congrio.

Amuse-toi bien!

CONGRIO, du seuil, avant de disparaître dans la rue.

Oui, va!

PSYLLIUM, à Labrax qui ramène le battant de la porte.

Boucle la chaîne.

(Il s'apprête à la boucler; puis, en se grattant la tête.)

LABRAX.

Patronne?

PSYLLIUM.

Quoi?

LABRAX, *montrant le bas de la ville, par la porte qu'il réentrouvre.*

Là-bas, moi, je m'amuse aussi,
Quand j'y vais. Tu n'as plus besoin de moi.

PSYLLIUM.

Vas-y!

(Il regarde dans la rue si Congrio n'est plus en vue, puis il se sauve en gambadant.)

SCÈNE IV

Les Mêmes, moins CONGRIO, LABRAX et tous les hôtes de la popine.

(Pendant le début de la scène suivante, Psyllium s'occupe, d'abord à boucler la chaîne de la porte, puis à ranger divers objets traînant encore sur les tables, puis à faire sa caisse en s'asseyant au comptoir.)

TRULLA, *à son voisin Sergius*

Tout de même! A cent ans! Danser! Cette femelle!
Qu'en dis-tu?

SERGIUS, d'une voix sombre.

Rien.

TRULLA.

Tu sais, je fus mime comme elle.
Joli métier!... J'avais un geste aérien!...
Des jambes!... Toi, jadis, vieux, que faisais-tu?

SERGIUS, même voix.

Rien.

TRULLA.

Un homme riche, alors?

SERGIUS, même voix.

Oui.

TRULLA.

Des plus hautes classes?

SERGIUS.

Oui.

TRULLA.

Tu t'es ruiné?

SERGIUS.

Oui,

TRULLA.

Comment?

SERGIUS.

Tu me lasses. Laisse-moi prier.

MURRHINA, d'une voix dolente et lointaine.

Mort! Mort! Comme il serait grand! Mort!

TRULLA.

Voilà sa folie encor qui la reprend.

(Elle vient s'asseoir sur les marches, au-dessus de Murrhina accroupie par terre.)

MURRHINA.

Mort! Mort!

TRULLA, lui caressant la tête.

N'y pense plus.

MURRHINA, se serrant contre les genoux de Trulla.

J'ai peur.

TRULLA, lui tapotant la joue.

Tu n'es pas seule.

(Elle appuie sur ses genoux la tête de Murrhina.)

Viens! Je vais te bercer sur un vieil air d'aïeule.

MURRHINA, relevant la tête, inquiète.

Johannès n'est pas là?

TRULLA.

Patience! On l'attend.

(Elle repose sur ses genoux la tête de la folle, lui ferme les yeux, la câline, la berce, et passe insensiblement de la parole au chant après le vers qui suit.)

Ferme tes yeux. Ne dis plus rien. Dors un instant.

(Elle chante.)

Sommeil, ami fidèle
Aux noirs soucis des cœurs las,
Emporte-la d'un grand coup d'aile
Où vit l'enfant perdu, là-bas!

Dis-lui qu'il est près d'elle
Et que l'amour ne meurt pas.
Caresse-la d'un lent coup d'aile
Avec des mots tout doux tout bas.

(Pendant qu'elle a endormi ainsi la folle, d'une voix devenue un vague murmure à la fin du second couplet, Psyllium a quitté son comptoir, et l'écoute, accoudée à la balustrade.)

PSYLLIUM, au-dessus d'elle.

Où donc vas-tu chercher ces choses, vieille louve?

TRULLA.

J'ignore. Johannès m'inspire, et je les trouve.
Moi, chanteuse de chants obscènes autrefois,
Il m'a dit que j'avais des larmes dans la voix;
Et comme, sans savoir, les colombes roucoulent,
Quand je chante à présent, c'est mes larmes qui coulent.

SCÈNE V

Les Mêmes, GLUBENS.

GLUBENS, du dehors, en cognant violemment à la porte.

Hého!

PSYLLIUM.

Qui va là?

GLUBENS.

Moi, voyons!

PSYLLIUM, ne reconnaissant pas la voix.

Quelque vaurien! On n'entre plus. Va-t'en! Fermé.

GLUBENS, poussant le guichet au centre de la porte, et y passant d'abord une main gesticulante.

Ça ne fait rien. J'ai soif. Je ne veux qu'une écuelle de vin. Qu'une!

(La face encadrée dans le guichet ouvert.)

Moi, Glubens, le laveur de morts, et sans rancune.

PSYLLIUM, refermant le guichet.

File vite, ou Labrax t'ira casser les dents.

GLUBENS.

Eh bien! Vous n'êtes pas gentils, vrai, là dedans.

(Il tambourine encore à la porte, puis rouvre le guichet, y montre sa face, et se met à chanter, d'une voix éraillée; après quoi on l'entend s'éloigner en battant la devanture et en continuant sa chanson dont les derniers vers se perdent.)

Libitina, triompe, triompe!...
Des morts, des morts, ce qu'il y en a!
Libitina, souffle dans ta trompe,
 Libitina! Libitina!

SCÈNE VI

Les Mêmes, moins GLUBENS, mais avec, à la cantonade, les voix, de ZYTHOPHANÈS, d'abord, puis de JOHANNÈS, et des clameurs de foule.

ZYTHOPHANÈS, du dehors, en voix lointaine mêlée aux derniers sons de celle de Glubens.

Au secours ! au secours !

DES VOIX, lointaines aussi.

Assomme !

THOMRYS, découvrant la tête de Latro et le secouant.

Écoute. On crie.

LES VOIX, plus proches.

A mort !

PSYLLIUM.

C'est notre ivrogne en quelque batterie.

LES VOIX, plus proches encore.

A mort !

PSYLLIUM.

On vient à pas précipités.

JOHANNÈS, du dehors, heurtant à la porte.

Holà !
Ouvre-nous, Psyllium. C'est nous, Flammeola
Et Johannès.

LATRO, montant dans la popine suivi de Thomrys

Elle, ah !

TOUS LES PAUVRES, debout, avec angoisse.

Lui !

PSYLLIUM, répondant à Johannès.

J'ouvre. J'ouvre.

(Tout en répondant elle a décroché la chaîne et ouvert la porte.)

SCÈNE VII

Les Mêmes, FLAMMEOLA, JOHANNÊS, puis, tout à l'heure, ZYTHOPHANÈS, puis ARUNS, et enfin la foule à la cantonade.

(Par la porte ouverte, Johannès fait entrer Flammeola, et la suit.)

PSYLLIUM.

          Vite!
Que je referme!

FLAMMEOLA, revenant à la porte et se penchant vers la rue.

  Attends!... Zythophanès, évite
La cloaque. On y peut tomber. Bien! Maintenant,
Arrive.

ZYTHOPHANÈS, entrant essoufflé.

Ouf!

JOHANNÈS, retournant au seuil.

  Aruns, viens! Aruns!.. Ah! du tournant
De la rue, il leur parle encore, l'intrépide,
Le fou!

LES VOIX, du dehors.

Mort au chrétien! Attrape!

(Des pierres et des ordures viennent frapper la devanture de la popine.)

JOHANNÈS.

On le lapide!

(Il veut s'élancer vers lui.)

FLAMMEOLA, le retenant.

Où vas-tu?

JOHANNÈS.

Partager son sort.

FLAMMEOLA, s'accrochant à lui et le forçant à rentrer.

Oh! non!

(A Latro.)

Vas-y,
Va le sauver, toi, va!

(Latro sort en courant.)

JOHANNÈS, à Flammeola.

Mais...

FLAMMEOLA.

Je le veux, si, si!
Reste! Je t'en conjure.

ACTE II. — SCÈNE VII.

LES VOIX.

A mort! A mort! au Tibre!

LATRO, poussant violemment Aruns dans la popine.

Entre, mais entre donc, toi! Fais-moi le champ libre.

(Brusquement, il se débarrasse du manteau qui l'enveloppait, et dans un pli duquel sa tête était cachée à demi; puis, d'un geste, il tire et brandit ses deux glaives, en criant d'une voix retentissante vers la foule qu'on ne voit pas.)

Au large! Ou mes deux fers n'auront plus qu'un fourreau.

UNE VOIX.

Ah! c'est Tetrinius Latro.

TOUTES LES VOIX DE LA FOULE.

Vive Latro!

LATRO.

Allez au Cirque, tas de braillards!

THOMRYS, le tirant par sa tunique.

Viens!

LATRO.

Oui, j'entre.

(Il fait encore un pas en avant, mouline de ses deux glaives, puis entre, à reculons, en continuant à regarder la foule.)

THOMRYS, à Psyllium, en le montrant avec admiration

Vois, sans montrer le dos, comme un fauve en son antre.

TOUTES LES VOIX DE LA FOULE.

Vive Latro!

LATRO, du seuil, en rengainant ses glaives.

C'est bien. Allez crier plus loin.

(Il tient la porte, dont Psyllium raccroche la chaîne.)
(Flammeola et Zytophanès sont assis à droite près de la balustrade.)
(Aruns est descendu à gauche, près de l'escalier.)
(Johannès s'est avancé jusqu'à l'escalier.)

SCÈNE VIII

Les Mêmes, moins la Foule.

JOHANNÈS, avec un geste de bénédiction vers les gueux, qui sont tous debout, sauf la folle.

Frères et sœurs, salut, tous!

TOUS LES PAUVRES, en se rasseyant.

Amen.

JOHANNÈS, à Aruns, en désignant le dehors.

Quel besoin

Avais-tu de chercher cette absurde querelle,
Et d'ameuter la foule en déclamant contre elle?
(Montrant les pauvres)
Ces pauvres haletaient après ce bon moment,
Et tu faillis les en priver. Pourquoi, vraiment?

ARUNS.

Pourquoi! N'était-ce pas mon devoir, dans la rue,
Quand tout un peuple impur au théâtre se rue
Pour y voir s'étaler, parmi des jeux sanglants,
Ta prostitution, Luxure en cheveux blancs,
N'était-ce pas mon saint devoir, le tien, le vôtre,
De crier à ce peuple en quelle auge il se vautre,
Et, pour le rendre au bien que nous en espérons,
D'emboucher contre lui les plus âpres clairons?

JOHANNÈS.

Frère, tu comprends mal nos devoirs, je t'assure.
Contre la violence et contre la luxure,
Notre doux Seigneur Christ, le modèle accompli,
N'usait que du pardon, père et fils de l'oubli.
Fidèle à sa douceur, je crois qu'il n'est pas sage
D'outrager le méchant de crachats au visage.
Et que ceux dont quelqu'un lui fit subir l'affront,
Il faut les essuyer en le baisant au front.

Sait-on d'ailleurs qui sont les méchants, les infâmes?
Christ, éternel et pur, voit seul le fond des âmes.
Mais nous, l'un envers l'autre, impurs et moribonds,
Nous n'avons qu'un devoir certain, c'est d'être bons.

TOUS LES PAUVRES.

Amen! Amen!

FLAMMEOLA.

Qui sont ceux-là, dont la voix pleure?

JOHANNÈS.

Ceux que j'ai dits chez toi, ceux de la dernière heure,
Des spectres que le monde avait abandonnés,
Et dont Christ en sa grâce a fait des nouveau-nés.
C'est toi, depuis huit jours, qui les aides à vivre
De tes aumônes; mais, la foi qui les enivre,
S'ils t'en donnent la soif, c'est eux, en vérité.
C'est eux qui te l'auront faite, la charité.
Interroge ces gens. Ils te diront des choses.

FLAMMEOLA, descendant les marches suivie de Zythophanès.

Leur mine m'épouvante un peu.

(A Zythophanès.)

Cher, si tu l'oses,
Parle-leur d'abord.

ZYTHOPHANÈS.

Soit!

(A l'infirme.)

Toi, larve, le tortu,
L'infirme, le gibbeux, comment te nommes-tu?

L'INFIRME.

Je me nomme de tous les noms dont tu me nommes.
Dès mon bas âge, en butte aux insultes des hommes,
Je vivais dans l'opprobre et la face aux genoux.
Et Johannès m'a dit : « Mon frère, embrassons-nous. »

FLAMMEOLA, coupant la parole à Zythophanès qui va parler au suivant.

Laisse-moi, celui-là, l'interroger moi-même.

(A Palus.)

Tu l'aimes bien aussi, Johannès?

PALUS.

Comme il m'aime.
Non, je blasphème. Non, c'est lui qui m'aime plus.
Ah! ce qu'il fit pour moi, lui! Pestilens Palus,
M'appelait-on. Seul, nu, jeté sur une claie,
La sanie et le sang pourrissaient dans ma plaie.
Ayant pansé mon mal sans que son cœur faiblît,
Il prit pour lui ma claie et me donna son lit.

TRUCIDO, parlant avant que Flammeola l'interroge.

Moi, Trucido, le fort, dit Sans-Miséricorde,
J'avais tué. J'étais pendu. Coupant la corde,
Johannès me dit : « Vis, et bois ton repentir.
« Crois ! Sois doux ! Fort, avec les faibles viens pâtir. »
Et mon âme d'orage est si bien éclaircie
Qu'à présent, quand on m'a frappé, je remercie.

JOHANNÈS.

Vous parlez trop de moi, mes frères ; vous devez
Ne parler que de Christ ; lui seul vous a sauvés.
Oubliez l'instrument quelconque et sans mérites
De la pitié qu'il eut pour vos âmes contrites.
Ces doux rayons de miel dont vous vous délectez,
Foi, prières, ferveurs, repentirs, charités,
J'en suis l'humble intendant qui remplit sa corbeille ;
Mais tout le miel en vient de la divine abeille.
    (Montrant Flammeola et descendant les marches.)
Pour qu'à l'abeille elle ouvre aussi son cœur fermé,
Et pour qu'elle aime Christ comme il veut être aimé,
Dites-lui mieux, et sans y mêler mes louanges,
En quel lac d'or vivant Christ a changé vos fanges.
    (A Sergius.)
Toi, jadis noble et riche, et tombé cependant
Jusqu'où, parle.

SERGIUS.

Je suis le dernier descendant
D'une gens dont l'aïeul le plus grand et le pire
Fut ce Catilina, précurseur de l'empire,
César manqué, tué dans l'œuf par les hasards.
Tous les crimes de tous les monstrueux Césars
Dont, s'il avait pu vaincre, il eût été le père,
Mon âme abominable en était le repaire.
Mon âme était un bois où rugissaient, lâchés
Dans la rage et le rut, les plus hideux péchés,
Un bois aux noirs marais, aux troncs morts, aux rocs chauves,
Qui grouillait de serpents, de spectres et de fauves.
Gloire à toi, Johannès, dont les mots tout-puissants
En ont fait un pré vert plein d'agneaux bondissants!

TRULLA, se précipitant aux genoux de Johannès.

Ah! la mienne, la mienne était une sentine,
Bourbier où tout un peuple en ribote piétine;
Et par moment encor (tiens, tout à l'heure, vieux,
Souviens-toi, quand je t'ai parlé, l'air envieux,
De la mime, en songeant à jadis), par moment,
Comme le chien retourne à son vomissement,
De la bourbe qui bout, brusquement réchauffée,
Il me remonte au cœur quelque ancienne bouffée.

Mais tu m'en guériras, Johannès, n'est-ce pas?
Tu laveras mon cœur jusqu'au fond le plus bas.
Tu le dois. Tu le peux.

JOHANNÈS.

J'y tâcherai, pauvre être.
Et la tendre bonté qu'à tous tu fais paraître,
(Désignant Murrhina.)
A celle-là surtout, que quitta sa raison,
T'assure une complète et proche guérison.

TRULLA.

Merci! Merci!
(A Flammeola)
Comme il est doux! Comme il console!
Songe qu'il rend l'espoir ainsi même à la folle.
(Secouant Murrhina.)
Murrhina!

MURRHINA, d'une voix égarée.

Mort! Il est mort, le petit enfant.
Et c'est moi qui l'ai fait mourir en l'étouffant.
J'avais si peur de la vieille aux yeux de noctue!
(Avec épouvante et horreur)
Ah! la vieille!... Elle et l'homme, ils m'avaient tant battue!
Mort! Il est mort, l'enfant! Quand le trou l'engloutit,

Il était encor chaud...
(Après avoir mimé l'infanticide, et dans un grand cri de désespoir.)
Oh! mon pauvre petit!

FLAMMEOLA, à Johannès.

Assez! Je ne veux plus l'entendre. Fais-la taire.
C'est trop affreux! C'est trop.

JOHANNÈS, qui vient s'accroupir sur les marches près de la folle.

Il n'est plus sous la terre,
Murrhina; tu sais bien qu'il est là-haut, au ciel,
Heureux près de Marie et près de Gabriel,
Que Gabriel le fait jouer avec les anges,
Que Marie en a soin et lui borde ses langes,
Et qu'ils te le rendront tout paré de leurs mains,
Et qu'alors, par l'azur et l'or de clairs chemins
Où Christ fera le jour dans ta raison sans voiles,
Où tous tes pleurs versés fleuriront en étoiles,
Ton pauvre enfant, ton cher petit, tu le verras
Venir à ta rencontre en te tendant les bras.

MURRHINA.

Oui, oui, je le verrai, tu le dis, j'en suis sûre.
Quand tu parles, déjà tout se dore et s'azure,
Et dans le ciel promis qui s'entr'ouvre à ta voix
Je le vois qui m'appelle et m'attend, je le vois!
(Elle demeure comme en extase.)

L'INFIRME et PALUS, avec enthousiasme.

Il guérit tous les maux.

LES PAUVRES, d'une voix forte.

Amen!

SERGIUS, avec enthousiasme.

Il sait remettre
Tous les péchés.

LES PAUVRES, d'une voix plus forte.

Amen!

TRULLA, avec un enthousiasme croissant.

Le bon pasteur, le maître,
Le divin maître en qui renaît Christ aujourd'hui...

PALUS, même jeu.

Christ en personne...

SERGIUS, même jeu, plus violent encore.

Christ dans sa gloire, c'est lui!

LES PAUVRES, au comble de l'exaltation.

Amen! Amen!

JOHANNÈS.

Silence, ô voix blasphématrices!
Vous outragez la croix, les saintes cicatrices,

Le sang du fils de Dieu, le sang versé pour vous.
O Christ, pardonne-leur! N'écoute pas ces fous!
Leur blasphème ignorant, ne leur en tiens pas compte!
Mais écoute mon cri de remords et de honte,
A moi qui par ta grâce usée imprudemment
Suis la cause et l'objet d'un tel égarement;
Et puisque c'est en ma faveur qu'on te déprime,
Fais tomber sur moi seul tout le poids de leur crime!

FLAMMEOLA.

Non! Non! laisse parler ces cœurs reconnaissants.
Ce qu'ils disent, ce qu'ils éprouvent, je le sens,
Et leur crime, avec eux je viens de le commettre.
Comme eux, je trouve en toi le bon pasteur, le maître,
Quelque chose de fort, de suave, de grand,
D'irrésistible, et qui vous attire et vous prend.
Tais-toi! Ne brise point sous de dures paroles
Le lys mystérieux aux naissantes corolles,
Le lys consolateur que tu m'avais promis
Et qui devait éclore aux pleurs de tes amis.
C'est eux, c'est leur amen où je viens de me joindre,
Qui me font espérer que peut-être il va poindre.
Qu'importe si je suis encor gauche à saisir
Ta foi, ton dieu! J'en ai déjà comme un désir.
A ce désir qui cherche il faut montrer la rive.

Souffre qu'à travers toi jusqu'à ton dieu j'arrive
Et que vers un tel but les chemins soient secrets.
Comment n'as-tu pas vu que j'en étais tout près,
Extasiée en leur extase fraternelle?
A leur essor d'amour mon âme ouvrait son aile.
Qui sait vers quoi? Mais hors de l'ombre, c'est certain.
O lumineux éveil d'alouette au matin,
Qui, secouant la terre attachée à sa plume,
Veut monter dans la pourpre où l'aurore s'allume
Pour aller tout à l'heure achever son éveil
Plus haut, en plein azur, plus haut, en plein soleil!
Ah! pourquoi, par un brusque et brutal cri d'alarme,
Sans pitié, toi si bon, as-tu rompu ce charme?
Pourquoi leur as-tu dit de se taire? Pourquoi
Casser l'aile au grand vol qui m'emportait vers toi?

JOHANNÈS.

O femme...

ARUNS, *descendant vivement en scène.*

Tu n'as rien à lui répondre, frère.
Prends garde! Ton orgueil va se laisser distraire
A la tentation où je te sais enclin,
De vouloir les tourner, les pièges du Malin.
Il faut les fuir. Prends garde à la langue fleurie
Dont les propos flatteurs sentent l'idolâtrie.

Cette femme prétend qu'elle cherche la foi ;
Elle ment. Ce n'est pas Christ qu'elle aime.

   LATRO, bondissant du fond de la popine vers les marches.

              Tais-toi !
Si quelqu'un ment, chrétien à langue de vipère,
C'est toi. Mais à ton tour prends garde à cette paire
De glaives.

   (Se ruant vers Aruns.)

  A genoux ! Rétracte ! Ou de ce pas...

   FLAMMEOLA, l'arrêtant d'un geste.

Laisse ! Menteur ou non, il ne m'offense pas.

      ARUNS.

Tu l'entends, Johannès ! Elle insiste. Sois sage.
Fuis le péril prochain qu'un tel aveu présage.
D'ailleurs, un saint devoir envers nous t'est dicté.
Viens, en le remplissant, armer ta volonté.
A ces blasphémateurs qu'aveugle leur folie
Tu dois une leçon, grave et qui t'humilie,
Par quoi cette clarté soit rendue à leurs yeux,
Que Christ est le seul Christ ici-bas comme aux cieux.
Viens, par les noirs chemins, jusqu'en notre chapelle,
Subir la pénitence où ma voix te rappelle.
Devant eux, devant Christ qu'ils ont mis à tes pieds,

Viens confesser leur crime et le tien expiés,
Toi qui leur fus l'objet d'un culte sacrilège.

JOHANNÈS.

Tu dis bien. Que le poids du lourd péché s'allège
Par cette pénitence exquise à mon remords !
Frères, allons chercher là-bas près de nos morts
La source du pardon et des larmes sereines.
Psyllium, prends les clefs des portes souterraines.
Prends une lampe aussi. Les degrés sont mauvais.
(Psyllium allume une lampe et elle se dirige vers la porte basse qui mène aux caveaux.)
Allez, frères et sœurs. Je vous rejoins. J'y vais,
(Les pauvres sortent l'un après l'autre par la porte basse.)
(A Aruns en désignant Flammeola.)
J'ai quelque chose à lui dire. Tu peux l'entendre,
(Aruns reste au seuil, un pied sur la première marche.)
O femme, pour bien voir le but où tu veux tendre,
Cesse de regarder dans mes regards. Il faut
Chercher Christ sans aucune entremise, et plus haut.
Car ton lys, ton soleil, c'est lui ; car le seul maître
Qui guérit tous les maux, c'est lui ; qui sait remettre
Tous les péchés, c'est lui ; car le dieu mort pour nous,
C'est lui, c'est lui ! Longtemps, chaque jour, à genoux,
Sans fin, sans que jamais, jamais tu t'en reposes,
O toi qui veux l'aimer, répète-toi ces choses,

Et qu'il t'exige toute, et qu'on doit en l'aimant
L'aimer éperdument, l'aimer uniquement.
Ne faiblis pas, devant la grandeur de l'ouvrage,
Et ne crois pas surtout que je t'en décourage.
Tu marchais à tâtons. Je te prends par la main
Pour te mettre au plein jour et dans le droit chemin.
Mais, sois-en sûre, Christ saura te tenir compte
Du pas qu'a fait vers lui ta pauvre âme qui monte.
Hélas! le pas est court, et le sommet ardu,
Ton bon vouloir pourtant ne sera point perdu.
Et pour ce premier pas sur la route infinie.
Au nom du dieu d'amour, ô ma sœur, sois bénie!

(Aruns sort, et Johannès, après avoir béni Flammeola, sort à son tour par la porte basse, tandis que Flammeola demeure comme en extase et le suivant des yeux, contemplée elle-même par Zythophanès, en bas près d'elle, et, du haut de la popine, par Thomrys et par Latro, resté assis sur les marches)

SCÈNE IX

FLAMMEOLA et ZYTHOPHANÈS, en bas; THOMRYS, dans la popine, accoudée à la balustrade, et LATRO sur les marches, au-dessous d'elle.

FLAMMEOLA, à Zythophanès, qui fait un mouvement et s'apprête à lui parler.

Non, ne me trouble pas, ne me dis rien. Sa voix

Me parle encor.
(L'éloignant d'un geste.)
Va-t'en, que je l'écoute.
(Elle se remet à rêver.)

THOMRYS, à Latro

Vois
Comme en songeant à lui palpite tout son être.

LATRO, douloureusément.

Oh!

THOMRYS.

Sourd, aveugle, qui ne veux pas reconnaître
Qu'elle l'aime!

LATRO.

Ce n'est pas vrai.

THOMRYS.

Si.

LATRO.

D'ailleurs, quoi?
Il ne l'aime pas, lui.

THOMRYS.

Soit! Qu'importe! Est-ce toi
Qu'elle aime?

ACTE II. — SCÈNE IX.

LATRO.

Qui sait? A l'amour qui me dévore
Comment eût-elle pu répondre? Elle l'ignore.

THOMRYS.

Dis-le-lui donc.

LATRO.

J'ai peur.

THOMRYS.

Peur d'être rebuté!

LATRO.

Hélas!

FLAMMEOLA, sortant de sa rêverie.

Comme c'est beau, cette fraternité!
Tous égaux, par ce peu de chose que nous sommes!
Jusqu'aux esclaves même, ainsi, seraient des hommes?

LATRO, se précipitant vers elle.

N'en doute pas.

FLAMMEOLA.

Que veux-tu dire?

LATRO, dans un trouble croissant.

Rien!... Pardon!
Je... Non!... Et cependant!... Ah! que n'ai-je le don,

Comme lui, de parler avec des mots qu'on trouve!
Mais qui me l'eût appris? Je suis fils d'une louve
Et d'un brigand. Enfin voici. Depuis le jour
De la litière... Non! C'est depuis mon séjour
Chez toi, depuis surtout que je te vois si tendre
Aux malheureux... Or, j'en suis un. Tu dois m'entendre.
Oh! ne m'arrête pas de ce regard moqueur.
Je suis esclave; mais j'ai tout de même un cœur.
Je souffre. De quel droit, c'est vrai? Je me retire.
J'aurais voulu pourtant te dire... Ah! quoi te dire?
Je ne sais plus, moi!... Si! tiens, ceci, seulement :
C'est que je t'aime, c'est que je t'aime.
(Il s'écroule aux pieds de Flammeola)

FLAMMEOLA, méprisante.

Vraiment!
A qui crois-tu parler? Quelle est cette folie!
Ton cœur s'éveille. Eh bien! Vois, Thomrys est jolie.
Elle t'aime. Aime-la!

THOMRYS, hautaine.

Pas ainsi. J'attendrai
Qu'il se donne lui-même à moi de son plein gré.

FLAMMEOLA.

Soit! Soit! Qu'on s'aime ou non, il ne m'importe guères.
Ne me fatiguez plus de ces choses vulgaires.
(Sur un geste de Latro.)

Non! ta présence ici m'est importune. Sors!
(A Thomrys.)
La tienne aussi. Sortez tous deux. Dehors! Dehors!
Restez au seuil de la popine à nous attendre.
(Sortent Latro et Thomrys.)

SCÈNE X

FLAMMEOLA, ZYTHOPHANÈS.

FLAMMEOLA.

Ah! cher, ces mots vieillis que nous venons d'entendre,
Le cœur, l'amour, combien tout cela me paraît
Loin de moi, misérable et sans nul intérêt,
Près du beau rêve auquel Johannès me convie!

ZYTHOPHANÈS.

Tout cela cependant, vois-tu bien, c'est la vie.
Et le beau rêve où ton Johannès t'appela,
Malgré ce qu'il en dit, c'est encor tout cela.
Tu ne t'en doutes pas, ni lui; mais moi, vieux sage,
Muet, vous observant, j'entendais au passage
Sous le lac où voguait votre concert serein

Tout cela bouillonner en volcan souterrain.
Tu te laisses bercer à sa chanson sonore.
Moi, j'en comprends le sens, que lui-même il ignore.
Son Dieu nouveau, qu'il croit miséricordieux,
N'est que l'antique Eros, le premier né des dieux,
Le plus cruel, Eros, fleur de l'horreur sacrée,
Fils du Chaos, l'Amour, dieu qui tue et qui crée,
Dieu par qui tout naît, meurt, renaît incessamment,
Depuis les astres d'or dans le haut firmament
Jusqu'aux obscurs désirs au fond d'une âme humaine,
L'Amour dont tout jaillit, à qui tout se ramène.
C'est lui, je l'ai vu, moi, l'implacable bourreau,
Qui vous tourmente ici tous, elle par Latro,
Latro par toi, toi-même enfin par ton apôtre,
Et vous jette au hasard ainsi l'un contre l'autre,
Tous dans la lutte, mais tous en marche vers lui.
Ne t'en plains pas. Esprit captif du noir ennui,
Eros charmant, aux doigts lumineux, te délivre.
Victime résignée à mourir, tu vas vivre.
Ne cherche pas ailleurs le dieu qu'il faut prier.
Invoque Eros. Désigne à son arc meurtrier
Le cœur de Johannès qui s'y croit insensible.
Toi-même sois le trait dont ce cœur est la cible.
Fais l'effort où son mot d'adieu t'encouragea.
Vers Christ? Non. Mais vers lui. Car il t'aime déjà,

Sache-le bien, plus qu'il ne veut, plus qu'il ne pense.
Encore cet effort, et c'est la récompense!
Et tu verras Eros, le premier né des dieux,
Eros fils du Chaos, terrible et radieux,
Eros puissant, Eros qui crée, Eros qui tue,
Mettre à tes pieds vainqueurs cette proie abattue!

FLAMMEOLA.

Ah! toi seul, ô vieux sage, es mon ami, toi seul!
Tes yeux clairs ont troué la nuit de mon linceul.
Oui, tu m'as réveillée. Oui, je veux encor vivre.
Tes conseils sont un vin d'espoir, et j'en suis ivre.
Ce rajeunissement dont j'avais soif et faim,
La fleur dont il jaillit, je l'ai trouvée enfin!
Et ce n'est pas toi, lys, lourd de mystiques fièvres,
Mais toi, rose, dont les pétales sont des lèvres,
Rose dont l'âpre suc, chaud de chaudes liqueurs,
Verse la rage des voluptés dans les cœurs.
Et je t'invoque, Amour, sois mon rouge complice,
Avec ta rose ayant un bûcher pour calice,
Amour, seul éternel, seul maître, seul divin,
Irrésistible Amour que j'oubliais en vain
Et dont la flamme tout entière me pénètre!
Amour, à Johannès aussi fais-toi connaître!

S'il est vrai que déjà son cœur s'échauffe un peu,
Viens-y flamber de tout ton incendie, ô dieu!
Viens, qu'il y fonde enfin comme j'y fonds moi-même!
Car je l'aime, entends-tu, je l'aime, et veux qu'il m'aime.

ACTE III

DANS LES CATACOMBES

ACTE III

A droite et à gauche, s'élevant en forme de dôme, les murailles, frustes, à pans du roc, parois d'une très ancienne carrière.

A gauche, au second plan, l'entrée d'une galerie conduisant à la salle plus reculée qui sert d'église.

Au fond, surplombant un chemin montant, en pente douce, par où l'on sort à droite, des éboulis entre lesquels bâille une large ouverture en gueule d'antre, avec des plantes pendant du haut, et des buissons sauvages dans le bas; et par cette baie on voit la campagne romaine et des tombeaux.

Cette salle est la première des catacombes, et elle est éclairée à la fois par la baie sur la campagne et par un ciel ouvert dans le dôme de la salle.

SCÈNE PREMIÈRE

ZYTHOPHANÈS, LATRO, THOMRYS.

(Au lever du rideau et pendant même qu'il se lève, on entend la fin d'un chant liturgique, chanté à gauche, dans la partie des catacombes, plus lointaine, où est l'église des chrétiens.)

ZYTHOPHANÈS, à Latro qui regarde et veut s'approcher du côté où l'on chante.

Ne t'inquiète pas, te dis-je. Aucun danger
Ne la menace, aucun. Pour ne rien négliger,
J'accepte, à son insu, qu'à travers ces campagnes
Désertes, jusqu'ici de loin tu l'accompagnes
Et que Thomrys soit là, prête, en cas d'accident,
A courir nous chercher secours; c'est plus prudent.
Mais, dans l'Église,
   (En désignant le côté gauche.)
      avec les chrétiens, rien à craindre.
D'ailleurs, l'ordre est formel et tu ne peux l'enfreindre :

Seuls, les initiés ont droit d'accès complet
Là-bas, au fond, jusqu'à leur sanctuaire.

LATRO.

Elle est
Initiée, alors?

THOMRYS.

Pas plus que nous, je pense;
Mais l'interdiction, Johannès l'en dispense.

ZYTHOPHANÈS.

Faut-il déjà la croire initiée un peu,
Ou si c'est par faveur qu'on l'admet au... saint lieu,
Comme ils disent, je n'en sais rien. C'est leur affaire.
Qu'importe qu'elle tâche ou feigne de se faire
Chrétienne? Quel que soit le plan caché qu'elle a,
Elle en paraît heureuse, et pour moi tout est là.
Cessez donc là-dessus votre vaine querelle.
Notre unique devoir est de veiller sur elle.

THOMRYS, avec une sourde ironie.

Sans doute; et nous n'avons aucun autre souci :
Veiller sur elle!

ZYTHOPHANÈS.

Bien.

THOMRYS, même jeu.

Sur Johannès aussi. N'est-ce pas?

ZYTHOPHANÈS.

Oui, sur tous les deux.

THOMRYS.

C'est la consigne, Latro : sur tous les deux!

LATRO,

Certes.

ZYTHOPHANÈS.

Au premier signe, S'il surgit un péril, ce que je ne crois pas,
(A Thomrys.)
Toi dehors, vite!
(A Latro.)
Et toi, près de nous.

LATRO.

Où?

ZYTHOPHANÈS, montrant la galerie à gauche.

Là-bas.

LATRO.

Tu vas y pénétrer, donc, toi ! Pour quelle cause ?

ZYTHOPHANÈS.

Oh ! pour voir si de loin je verrai quelque chose.
Ils nous en font un tel mystère, de leur Dieu,
Que je ne serais pas fâché d'apprendre un peu
Quel est l'obscur soleil qu'ils adorent sous terre.
Curiosité pure et l'attrait du mystère !
Veillez !

(Il sort par la galerie de gauche.)

SCÈNE II

THOMRYS, LATRO.

THOMRYS, en appuyant ironiquement sur le dernier mot.

Sur elle et sur Johannès !

LATRO, avec ironie, mais une ironie sombre et résolue.

Oui, sur lui !
Il n'a jamais été gardé comme aujourd'hui.

ACTE III. — SCÈNE II.

THOMRYS.

Mais souviens-toi, Latro : s'il l'aime, s'il lui cède,
Le secret d'en finir, c'est moi qui le possède.
Je peux te délivrer de lui, tu sais comment.

LATRO.

Je ne veux pas.

THOMRYS.

    Pourquoi? Par quel aveuglement?
Pourquoi le refuser, ce que t'offre mon zèle?

LATRO.

C'est lui seul qu'il s'agit de perdre, et non pas elle.
Or, en le dénonçant, lui, tu n'as pas songé...

THOMRYS.

Crois-tu? Je sais jusqu'où va la haine que j'ai.
Mais, quelque soif qu'elle ait, trouve-la naturelle.
Car mon amour pour toi fait ma haine contre elle.
Cette haine, d'ailleurs, tu dois l'avoir aussi!

LATRO.

Haïr Flammeola, moi! Non!

THOMRYS.

      Raisonne! Si!

C'est pour être à lui, va, qu'elle se fait chrétienne !
Peux-tu souffrir qu'à ton rival elle appartienne
Sans la haïr, et sans vouloir te venger d'eux ?
Or, en le dénonçant, je les perds tous les deux.
Veux-tu ? Mais réponds-moi, brute.

LATRO.

Tais-toi, vipère !

THOMRYS.

Lâche ! Ce n'est pas vrai, qu'un bandit fut ton père !
Ou tu n'aimes donc pas, que tu n'es pas jaloux ?
Ton cœur, que tu prétends pareil au cœur des loups,
N'est que celui d'un chien, vil, qu'on fouaille, et qui pleure.

LATRO.

Tu verras que non.

THOMRYS.

Quand ?

LATRO.

Peut-être tout à l'heure.

(Un nouveau chant liturgique se fait entendre plus distinct.)

SCÈNE III

Les Mêmes, ZYTHOPHANÈS.

ZYTHOPHANÈS, revenant vers eux.

Le chant s'approche et l'on perçoit un bruit de pas.
C'est par ici qu'ils vont venir. N'y restons pas.
Allons dehors, cachés par un tombeau, l'attendre.

(Ils sortent par l'ouverture du souterrain, Zythophanès précédant les deux autres.)

THOMRYS, à Latro en lui désignant une anfractuosité près du seuil, au dehors.

Toi, demeure tout près, pour voir et pour entendre.

(Ils disparaissent tandis que le chant continue à s'approcher.)

SCÈNE IV

JOHANNÈS, FLAMMEOLA, ARUNS, Quatre Enfants de Chœur, Deux Diacres, Chrétiens et Chrétiennes.

(Recueillis et à pas lents, les fidèles entrent dans la salle et s'y massent, tournés vers la gauche, tandis que s'achève le chant. Parmi eux, la dernière avant Johannès et Aruns, arrive Flammeola, très enveloppée de voiles. Une fois le mouvement fini et toute l'assistance en place, elle se trouve la première devant Johannès.)

JOHANNÈS.

Frères et sœurs, l'heureux moment arrive enfin
D'étancher votre soif et nourrir votre faim.
Demain à l'aube, jour pascal, Christ charitable
Aux chrétiens invités ouvrant sa sainte table,
Vous pourrez vous unir à votre Dieu, présent
Dans le pain de son corps et le vin de son sang.
Si quelqu'un, sous le poids encor de quelque faute,
En est indigne, qu'il la confesse à voix haute,
Pour qu'entre nous s'échange en toute pureté,
Signe de joie au nom de Christ ressuscité,
Le baiser fraternel sans remords et sans fièvres,

ACTE III. — SCÈNE IV.

Qui va, suivant l'usage ancien, joindre nos lèvres!

(Un grand silence lui répond seul.)

Bien!

(D'une voix sacerdotale et en imposant les mains à l'assemblée.)

O baiser de paix et de fraternité,
Sois notre alléluia vers Christ ressuscité!

TOUS, d'une voix joyeuse.

Christ est ressuscité!

(Ils s'embrassent; Flammeola, rejetant ses voiles, embrasse Johannès avec passion.)

ARUNS, qui la guettait, d'une voix tonnante.

Anathème! Anathème!
On vient d'outrager Christ.

(Johannès demeure stupéfait, Flammeola se sépare vivement de lui.)

TOUS, sauf Flammeola.

Comment?

ARUNS, à Flammeola avec une violence croissante.

L'eau du baptême,
Qui rend purs entre nous ces fraternels baisers,
Dis, ton âme et ton front en sont-ils arrosés,
A toi, païenne? Non! Non! Quelle complaisance
T'admit donc au banquet souillé par ta présence?

Qui t'a donné le droit d'en goûter la douceur.
De la corrompre, à toi qui n'es pas notre sœur?
Car tu la fais infâme, osant la faire tienne.
Toi qui viens de mêler à notre ardeur chrétienne,
A nos baisers au nom de Christ ressuscité,
Ton baiser de rapine et d'impudicité.

TOUS, s'écartant avec horreur.

Oh!

JOHANNÈS.

C'est condamner vite et durement, mes frères.
Les jugements trop prompts sont souvent téméraires.

ARUNS.

Pour les flagrants délits, sûrs sont les jugements,
Regarde sa rougeur, tu verras si je mens,

JOHANNÈS.

Elle rougit d'orgueil blessé par ta méprise.

ARUNS.

Elle rougit de honte à se sentir comprise.

JOHANNÈS.

Crois-tu donc ne jamais errer et tout savoir?

ACTE III. — SCÈNE IV.

ARUNS.

Auras-tu donc toujours des yeux pour ne pas voir?

JOHANNÈS.

Souffre du moins, avant d'affirmer un tel crime,
Ce qu'elle a dans le cœur, qu'elle-même l'exprime.
Laisse-la se défendre, en l'accusant ainsi.

ARUNS.

Défends-toi plutôt, toi ; car je t'accuse aussi ;
Car c'est toi qui permis dans notre chaste Église
Sa promiscuité qui tous nous scandalise ;
C'est toi, n'est-ce pas?

JOHANNÈS.

    Oui, c'est moi, j'en fais l'aveu.
Mais je n'ai pas à m'en défendre. Mon seul vœu,
En l'admettant, ainsi qu'une catéchumène,
Aux lamentations de la sainte semaine,
Fut de hâter sa marche hésitante vers nous.
Dans cette ascension qu'elle fait à genoux.
J'ai voulu lui donner l'assistance infinie
Que verse aux défaillants la divine agonie.

ARUNS.

Un pareil privilège était-il mérité?

JOHANNÈS.

Il l'était.

ARUNS.

Par quoi donc?

JOHANNÈS.

Par sa débilité.
Moins elle est forte, et plus il faut qu'on la soutienne.
Pour l'amener à Christ la traiter en chrétienne.
J'en avais le devoir.

ARUNS.

Tu n'en as pas le droit.

JOHANNÈS.

Qu'importe, si, du coup, convertie, elle croit!
Laisse aux Pharisiens leur justice trop raide.
Christ est conciliant et vient mieux à notre aide.
Sa grâce a des façons plus souples, sans rigueurs,
Dont l'indulgent emploi sied à nos faibles cœurs.
Si le droit que j'ai pris est ou non légitime,
C'est à lui, pas à toi, que j'en remets l'estime.
A bonne intention j'ai fait ce que j'ai fait.
Il sait la cause.

ARUNS.

Eh bien! montre-nous-en l'effet.
Pour clore ce débat, qu'elle-même proclame
Si c'est la foi chrétienne enfin qu'elle a dans l'âme!
Sans quoi je soutiendrai que moi seul eus raison
Et que ta complaisance est une trahison.

(A Flammeola, brutalement.)

Es-tu chrétienne?

JOHANNÈS, avec pitié.

Quelle affreuse violence!

ARUNS, redoublant de brutalité.

Réponds, réponds! Es-tu chrétienne?

(Flammeola ne répond rien.)

Ah! son silence
La condamne, tu vois, et te condamne aussi.

FLAMMEOLA.

Puis-je répondre, alors qu'on m'interroge ainsi?
Christ, dont il me rapproche et dont tu me repousses,
N'a jamais eu pour moi que des paroles douces;
Et dans ton verbe dur, plein de mots ennemis,
Je ne reconnais plus le Dieu qu'il m'a promis.
Ah! je l'aime, son Christ. Le tien, je le redoute.

C'est ta faute, s'il m'est venu ce dernier doute.
Mais près de Johannès il sera vite enfui.
Je désire en parler seule à seul avec lui.

JOHANNÈS.

Mes frères, rendons-nous à cette humble requête.
Laissons Christ achever à son gré la conquête
D'une âme qu'en effet j'espère en rapprocher
Et que votre refus pourrait effaroucher.

ARUNS.

Soit, frère! Et quel que soit le péril que tu braves,
Il ne sera pas dit que je mets des entraves
A ton œuvre par un stupide entêtement.
J'ai fait ce que j'ai dû. Si ce fut durement,
Ma bonne intention soit aussi mon excuse;
Et si je t'accusais à tort, je m'en accuse.

(Aux fidèles)

Frères, éloignez-vous. Oubliez en chemin
Tout ce qui n'a pas trait au grand jour de demain.

JOHANNÈS, aux fidèles qui commencent à sortir.

Sois béni dans tous tes pensers, troupeau fidèle!

ARUNS.

Et toi de même!

TOUS, en s'en allant.

Ainsi soit-il !

ARUNS, à Johannès.

Songe, auprès d'elle,
Que le Malin peut-être est là, fort et subtil.
(Les derniers fidèles sont en train de franchir le seuil.)
Je vais prier pour toi, mon frère.

JOHANNÈS.

Ainsi soit-il !

(Pendant que les derniers fidèles disparaissent, Aruns se rend à gauche, allant vers le sanctuaire, et disparaît à son tour suivi des enfants de chœur et des diacres.)

SCENE V

JOHANNÈS, FLAMMEOLA.

JOHANNÈS.

Quel est ce doute encor dont ton âme est troublée?
Tout le jour je t'ai vue, en la sainte assemblée,
Pieuse, humble, gémir lorsque nous gémissions,
Et t'exalter au vol des lamentations

Vers Christ, plus près de nous quand il est dans sa tombe.
D'où vient, monté si haut, que ton cœur en retombe?
Oublie Aruns. Remets ton cœur en oraison.
Puisque Aruns avait tort!

FLAMMEOLA.

Non! Il avait raison.

JOHANNÈS.

Que dis tu?

FLAMMEOLA.

Qu'il avait raison, que sa colère
Mieux que ton indulgence eut la vision claire
De mon crime.

JOHANNÈS.

Quel crime?

FLAMMEOLA.

Ah! folle que j'étais.
De croire qu'avec moi, quand je le commettais,
Dans ce crime innocent je t'avais pour complice!
Innocent, oui! Comment en trouver le délice

Coupable, que par toi je croyais partagé?
Hélas! de cette erreur vient le remords que j'ai.
Car mon crime n'est tel que si tel il te semble.
Ce n'en serait plus un, l'ayant commis ensemble.

JOHANNÈS.

Je ne te comprends pas. Je ne puis supposer...

FLAMMEOLA.

Si! Si! Dis-moi qu'il fut criminel, mon baiser,
Infâme, sacrilège, et digne qu'on l'abhorre,
Et tout ce qu'en a dit Aruns, et plus encore;
Dis-moi qu'en m'exaltant vers ton Dieu j'ai menti,
Soit! Mais ne me dis pas que tu n'as rien senti,
Et que rien ne te reste, et que rien ne te touche,
De ce baiser d'amour sanglotant sur ta bouche!

JOHANNÈS.

Assez! Ton crime affreux m'apparaît à présent.
Ne le redouble pas, femme, en t'y complaisant.

FLAMMEOLA.

Pourrais-je l'avouer et ne pas m'y complaire?
Ah! cet aveu, que ta clémence le tolère!
Ne le repousse pas d'un visage irrité.
Sois pitoyable au moins pour ma sincérité.

Ce que mon âme trouble et folle porte en elle,
C'est en te le cachant que j'étais criminelle.
Mais puisque désormais rien ne t'est plus caché,
Tu dois connaître les motifs de mon péché,
Et comment, l'ayant fait, je m'en trouve innocente.
Christ est conciliant, disais-tu. Qu'il consente
A nous unir, l'espoir en est-il défendu?

JOHANNÈS.

Oui. Sache qu'à lui seul tout mon amour est dû,
Que j'en ai fait le vœu pour être son apôtre,
Que ce vœu me prescrit de n'être à personne autre,

FLAMMEOLA.

Sa grâce a des façons sans rigueurs, disais-tu.
Pourquoi tant de rigueurs, alors, dans ta vertu?
Réfléchis, s'il me faut, pour devenir chrétienne,
L'espoir, fût-il rêvé, qu'un jour je t'appartienne,
Remplis-tu ton devoir d'apôtre dans ce cas,
Pouvant me convertir et ne le voulant pas?

JOHANNÈS.

Est-ce un noble désir prouvant un cœur qui m'aime,
Celui, pour te sauver, de me damner moi-même?

FLAMMEOLA.

Mon salut et le tien ne sont pas seuls en jeu.
Songe, si tu me fais chrétienne, songe un peu
De combien d'âmes, par ma féconde entremise,
La moisson glorieuse et sainte t'est promise.
Non, ne prends pas ces mots pour de l'orgueil mauvais !
Écoute mes raisons et ce que je rêvais
Et comment, si tu veux m'entendre, tout s'arrange.
Tu n'as jusqu'à présent pour la céleste grange
Glané que des épis perdus, esclaves, gueux,
Gens de rien... Ah ! je sais, je sais, je vaux moins qu'eux,
Sans doute... Mais n'est-il pas vrai que mon exemple
Germerait en moisson plus superbe et plus ample ?
Fille d'un sang fameux depuis les temps anciens,
J'amènerais à Christ, moi, des patriciens,
Des riches, des puissants, peut-être mieux encore,
César lui-même ! Auprès de César qui m'honore
J'ai libre accès. Je peux t'en obtenir le droit.
La vois-tu, la moisson qui s'apprête et qui croît ?
César gagné par Christ et lui gagnant l'empire,
Voilà quelle est pour toi l'œuvre immense où j'aspire ;
Et puisque à l'accomplir par moi ton Dieu t'élut,
Tu dois y risquer tout, jusqu'à notre salut,
Car c'est un pauvre enjeu que mon âme et la tienne
Près de l'humanité tout entière chrétienne.

JOHANNÈS, rêveur, puis enthousiaste.

Qui sait, pourtant, qui sait?... Dans mon ciel agrandi
Jamais un horizon plus beau n'a resplendi.
César, l'omnipotent César, catéchumène !
Que de maux épargnés à la souffrance humaine !
Quel chemin raccourci, doux, sous des jours sereins,
Au lieu des noirs sentiers longs aux las pèlerins !
Troupeau maigre, troupeau de brebis lamentables,
Comme tu remplirais les célestes étables,
Riche, heureux, vite accru, si le divin pasteur
Avait ainsi César pour premier serviteur !
Et c'est moi qui l'aurais conquis à son service !

FLAMMEOLA, tour à tour pressante et soumise.

Oui, toi, mon Johannès. Et par le sacrifice
De peu de chose. Rien qu'un moment d'abandon !
Rien que me dire un mot de pitié, de pardon,
D'espoir... Non, pas d'espoir ! Je suis trop exigeante...
Mais de tendresse au moins, qui soit encourageante.
Et ne me livre pas au désespoir non plus...
Par exemple, ceci, tiens, que pour ses élus
Christ admet d'autres lois que celle dont je pleure,
Qu'un jour, je ne sais quel, ni quand en viendra l'heure,
Plus tard, oui, j'attendrai tant que tu le voudras,

ACTE III. — SCÈNE V.

Mais qu'un jour, tu pourras enfin m'ouvrir tes bras,
Et sans pécher, sans être un objet d'anathème,
Sans qu'il en soit jaloux, me murmurer : je t'aime !

JOHANNÈS, tristement.

Je ne pourrai le faire et t'aimer sans remords
Que dans le sein de Christ, lorsque nous serons morts.
   (Encore plus tristement.)
Hélas !

FLAMMEOLA, joyeuse et timide à la fois.

Tu dis « hélas ! » Est-ce un regret?

JOHANNÈS.

Peut-être.

Car nul n'est aussi pur qu'il voudrait le paraître.
Mais, qui sait, après tout, si mon devoir n'est pas
De marcher vers ce but où tu tournes mes pas?
Qui sait si ce n'est point le vrai crime, au contraire,
Un tel devoir s'offrant à moi, de m'y soustraire?
Préférer au salut du monde ton salut,
Apôtre, c'est à quoi ta charité conclut !
O Christ, inspire-moi, Dieu de miséricorde !
   (Il demeure silencieux.)

FLAMMEOLA, anxieuse et suppliante.

Parle !

JOHANNÈS.

Un très vague espoir?

FLAMMEOLA.

Pas plus.

JOHANNÈS.

Je te l'accorde.

FLAMMEOLA.

Ah! si vague qu'il soit. mes vœux en sont contents!
Mais dis-moi, cet espoir, qu'aussi, toi, tu l'attends.
Dis-moi qu'à mon amour ce qu'en toi j'intéresse,
Ce n'est pas ta pitié seule, et c'est ta tendresse,

JOHANNÈS, d'une voix lente et émue.

Oui, ma tendresse.

FLAMMEOLA, éclatant de joie.

O mon cher aimé, sois béni!
Tu m'aimes!

JOHANNÈS, terrifié, et se reprenant.

Femme!...

FLAMMEOLA, lui fermant la bouche, l'enveloppant de paroles.

Non, je m'en vais, j'ai fini,
Vois !

(Elle fait mine de partir, puis revient.)

Ne sois pas chagrin d'avoir été trop tendre !
Je pars. Ne dis plus rien, je ne veux rien entendre
Après les divins mots d'espoir que tu m'as dits.
Ne me les reprends pas, ces fleurs du paradis.
Tu ne peux plus, d'ailleurs. Je les ai. Je suis forte.
Je les garde. Je les garde. Je les emporte !

(Tout en parlant et en s'exaltant de plus en plus, elle s'est retirée vers le chemin par où l'on sort ; et, après le dernier vers, elle se sauve en courant comme une folle.)

SCÈNE VI

JOHANNÈS, seul.

(Il veut d'abord courir la rejoindre, puis s'arrête, puis se prend la tête dans les mains et demeure accablé, muet.)

O honte ! Qu'ai-je fait ?

(Il va vers la gauche et appelle)

Aruns !... Je n'ose pas,
Dans cette honte, allez le retrouver là-bas,

Près de l'autel. J'ai peur.

(Même jeu que plus haut.)

Aruns!...

(Retombant à ses pensées.)

Forte! Oh! oui, forte!

C'est un aveu, c'est un lâche aveu, qu'elle emporte,
C'est la réponse infâme à l'infâme baiser...
Aruns!

SCÈNE VII

JOHANNÈS, ARUNS.

ARUNS, venant de la chapelle.

Que veux-tu, frère?

JOHANNÈS, se mettant à genoux devant lui.

A tes pieds m'accuser.

Le Malin m'a vaincu dans un moment d'absence.
J'ai failli par orgueil.

ARUNS.

Et par concupiscence

Aussi peut-être?

JOHANNÈS, avec horreur.

Oh! non! Pas cela! Pas cela!
(Avec accablement.)
C'est quand même un péché mortel que j'ai fait là.
(Éclatant en sanglots désespérés.)
Ah! mon Dieu! mon Dieu!

ARUNS.

Frère, apaise-toi. Ton crime
Fut grand, oui; mais l'horreur que ton cœur en exprime
Et ta contrition sont telles, qu'à l'instant
Je puis rendre la paix à ce cœur sanglotant
En prononçant les mots sacrés qui vont t'absoudre.
(Il murmure à voix basse la formule de l'absolution en faisant au-dessus du front de Johannès le signe de la croix; puis il le relève, et lui montre la galerie conduisant au sanctuaire.)
Pour pénitence, va, la face dans la poudre,
Humilier aux pieds du Seigneur ton orgueil.

JOHANNÈS.

Pas à l'autel! J'en suis indigne. Sur le seuil,
Ici, comme un impur qu'on a chassé du temple,
Et qui, proscrit, de loin seulement le contemple.

ARUNS.

Soit! mon frère, et prions ensemble.

JOHANNÈS.

Non ! Toi, cours
Chez cette femme, dont l'insidieux discours
M'a pu séduire. Écoute et combats sa folie,
Dis-lui que je démens la mienne, et qu'elle oublie
Le misérable aveu dont elle triomphait.

ARUNS.

Bien. Selon ton désir, mon frère, il sera fait.

(Johannès s'agenouille au seuil de la galerie conduisant au sanctuaire, et Aruns avant de s'en aller par le chemin de sortie, à droite, lui dit de loin :)

Prie. Et que ton remords brûlant se désaltère
Dans l'eau fraîche où fleurit l'oraison solitaire.

(Il sort.)

SCÈNE VIII

JOHANNÈS, seul.

(Un long temps de silence absolu pendant lequel il prie et fait pénitence, tantôt pleurant et se frappant la poitrine, tantôt comme en extase, et au bout duquel son agenouillement est devenu un prosternement complet, les mains jointes vers le sanctuaire, et le front, en effet, dans la poudre.)

SCÈNE IX

JOHANNÈS, LATRO, THOMRYS.

(On voit d'abord paraître, en haut du chemin montant, à droite, Latro, qui regarde tour à tour dehors, puis dedans, en homme qui guette. Il met la main à la garde d'un de ses glaives, Thomrys lui prend le bras. Toute la scène entre eux deux se joue là-haut, à voix étouffée et brève. Johannès absorbé ne peut les entendre.)

THOMRYS.

Non, pas cela.

LATRO

Si! Si!

THOMRYS.

Non, te dis-je.

LATRO.

Il le faut.

THOMRYS.

Mon moyen est plus sûr. Il vaut mieux.

LATRO.

Rien ne vaut
Ce fer bien acéré qui d'un coup m'en délivre.
Zythophanès nous croit occupés à les suivre
De loin. Personne ici que toi pouvant me voir.

THOMRYS.

Flammeola saura...

LATRO.

Qui lui fera savoir?
Toi?

THOMRYS.

Non.

LATRO

Alors?

THOMRYS, très décidée.

Enfin. je ne veux pas.

LATRO.

Prends garde!
Pourquoi ne veux-tu pas, donc?

THOMRYS, élevant la voix

Cela me regarde.

ACTE III. — SCÈNE IX.

LATRO, la prenant à la gorge.

Ah ! tais-toi !

THOMRYS, se dégageant et criant.

Johannès !

JOHANNÈS, se retournant et d'une voix de rêve.

Quoi ?

LATRO.

Soit ! J'aime encor mieux
Le tuer face à face et mes yeux dans ses yeux.

(Pendant qu'il parle, Johannès s'est dressé à demi, lentement. Latro marche vers lui, sans hâte.)

JOHANNÈS, très calme.

Frappe donc, si c'est là ta monstrueuse envie.
J'ai l'absolution. Je peux quitter la vie,
J'ignore d'où te vient cette soif de mon sang ;
Mais j'en ferai l'offrande à Christ en le versant.

THOMRYS, à Latro.

Encore un coup, mon plan est meilleur. Rends-toi compte...

LATRO, la repoussant avec brutalité.

Non, non, va-t'en. Il faut que je le tue.

(Il brandit son glaive, s'approche de Johannès immobile pour l'en frapper, puis laisse retomber son bras.)

O honte!
Qu'est-ce que j'ai? Pourquoi mon glaive dans ma main
Tremble-t-il?

JOHANNÈS, se relevant un peu.

C'est qu'en toi quelque chose d'humain
S'émeut encor, pauvre être aux colères de fauve.
N'y sois pas insensible, homme, et ton âme est sauve.
En poussant jusqu'au bout ton horrible dessein,
D'elle, autant que de moi, tu serais l'assassin.

LATRO.

Je n'ai point d'âme.

JOHANNÈS, continuant à se relever peu à peu.

Si! C'est sa voix qui s'élève
Et qui fait dans ta main trembler ainsi ton glaive.
Écoute-la, ton âme, ô mon frère égaré!
Et dans le bon chemin je te ramènerai.

LATRO.

Je ne comprends pas. Toi, mon frère!

THOMRYS.

Il te le prouve
Par sa douceur.

LATRO.

Je suis le fils, moi, d'une louve.
Elle, mon père et moi, nous étions des bandits.
Et c'est la vérité, tu sais, ce que je dis.

JOHANNÈS, debout.

Et c'est la vérité quand même que nous sommes
Deux frères, ô mon frère, étant tous deux des hommes.
Explique-toi donc mieux, d'un ton moins violent.
Tu souffres, je le vois. Or, moi, te consolant,
Si dans ton mal obscur j'étais d'intelligence,
Je t'y pourrais peut-être offrir quelque allégeance.

LATRO.

Tu le sais, mon mal.

JOHANNÈS.

Non.

LATRO.

J'aime Flammeola.
Et tu l'aimes aussi, toi.

JOHANNÈS.

Ne crois pas cela.

LATRO.

Ah!...

(Il échange un regard avec Thomrys, puis laisse choir son glaive.)

Alors, donne-moi la preuve du contraire.

JOHANNÈS.

J'y suis tout prêt. Comment?

LATRO.

      Toi qui te dis mon frère,
N'éloigne pas de moi son cœur dont j'ai besoin.
Songe combien déjà, moi, si bas, j'en suis loin,
Que je suis son esclave et qu'elle me méprise.
Que me resterait-il, si tu me l'avais prise?
Tu ne le dois pas. Toi, si tendre aux malheureux,
Sois pitoyable au plus misérable d'entre eux.
Fais-leur ici l'aumône à tous en ma personne.
Je n'ai que cet amour au monde, moi! Raisonne,
Réfléchis! Je t'avais menacé. J'avais tort.
Regarde! A tes genoux je me courbe, moi, fort,
Sûr, si je le voulais, d'une vengeance prompte.
Mais non! Des mots pareils, avec toi, j'en ai honte
Maintenant. Et les mots qu'il faut, je les dirai :
C'est qu'à mon triste amour, déjà désespéré,
Si lamentable, si souffrant, payé de haine,

Toi, si bon, tu ne dois pas faire de la peine,
C'est qu'en l'aimant aussi tu serais mon bourreau,
C'est que tu ne peux pas, toi, dépouiller Latro,
Ce gueux, fils de gueux, fils de tous les gueux de Rome,
Et lui voler son bien, le seul bien d'un pauvre homme!

JOHANNÈS.

Relève-toi, mon frère, et tâche, te calmant,
De bien entendre en quoi tu fais erreur, comment
Rien n'existe entre nous du duel que tu supposes,
Et qu'à Flammeola, pour de plus hautes causes,
Si je dois renoncer, tu dois le faire aussi.
Ton âme, dont le noir regard s'est éclairci,
Va comprendre qu'il faut, sans en être jalouse,
Voir en Flammeola celle qu'un autre épouse,
S'il est vrai que bientôt, comme c'est mon devoir,
Je puisse aux saints autels enfin la recevoir,
Pour qu'elle y soit, non plus la mienne ni la tienne,
Mais l'épouse de Christ en devenant chrétienne.

LATRO.

Tu mens, traître, tu mens! J'y vois clair dans tes vœux.
Oui, j'ai compris. Et mieux que tu ne crois. Tu veux
Me la prendre. Tu veux la garder.

JOHANNÈS.

O folie !

Ecoute !

LATRO.

Je l'étais, fou ! Moi, qui te supplie,
Qui pleure ! Je l'étais, fou ! Je ne le suis plus.

JOHANNÈS.

Ecoute !

LATRO.

Non ! Assez discuté ! Je conclus.
J'aime Flammeola. Je la veux. Je l'enlève
A toi comme à ton Christ.

(Il dégaine son second glaive).

Ne tremble plus, mon glaive !
Mais frappe droit.

THOMRYS, voulant l'arrêter.

Non !

LATRO, frappant.

Tiens ! Meurs !

JOHANNÈS, tombant.

Ah !

ACTE III. — SCÈNE IX.

THOMRYS.

Qu'as-tu fait là?

LATRO, essuyant son glaive et le remettant au fourreau.

Il n'avait qu'à ne pas aimer Flammeola.

JOHANNÈS, à terre, d'une voix lente.

Je te pardonne.

LATRO, stupéfait, puis voulant se jeter sur Johannès.

Il vit!

THOMRYS, se mettant entre lui et Johannès.

Vas-tu l'achever, lâche?

LATRO, dans une stupéfaction grandissante.

Pour la première fois j'ai mal rempli ma tâche.
Quelle force a brisé ma force dans mon poing?
L'achever, moi! Non, non, je ne le pourrais point.

THOMRYS.

Va-t'en! Laisse-moi seule avec son agonie,

LATRO, contemplant de loin Johannès qui le regarde.

Ah! ses grands yeux, tout pleins de douceur infinie!
J'en ai peur. J'en ai peur. Je ne veux plus les voir.

(Il s'enveloppe la tête dans son manteau en reculant vers la sortie.)

JOHANNÈS, d'une voix plus lente encore que tout à l'heure.

Je te pardonne.

LATRO.

Assez! Assez!

(Il s'enfuit éperdu.)

SCÈNE X

JOHANNÈS, THOMRYS.

(Thomrys est à genoux près de Johannès.)

JOHANNÈS.

Femme, un devoir
S'impose à toi.

THOMRYS.

Je m'y dévouerai tout entière.
Parle.

JOHANNÈS.

Fais-moi porter...

THOMRYS.

Attends! Une litière

Est près d'ici. Je sais l'endroit. J'y vais courir.
Des porteurs...

JOHANNÈS.

Je me sens à bout. Je veux mourir
Auprès de mes amis, en un lieu sûr...

(En s'évanouissant.)
Ah!

THOMRYS, avec une ironie glaciale et sinistre.

Certe,
En un lieu sûr! Car, là, je réponds de ta perte
Et de la sienne; là, dénonçant les Chrétiens,
Je vous fais prendre ensemble au piège où je vous tiens
Tous les deux. Va, tu peux t'en fier à mon zèle,
Sois tranquille. Ah! oui, certe, en un lieu sûr! Chez elle.

ACTE IV

UNE SALLE DANS LE PALAIS DE FLAMMEOLA

ACTE IV

A droite, au second plan, porte donnant dans les appartements de Flammeola.

Au fond, à droite, vestibule en retrait que surplombe une galerie ouvrant sur la salle par trois petits portiques dont les baies sont encombrées de fleurs, en sorte qu'elles y font rideau et masquent la perspective de la galerie. En bas, dans le vestibule, petite porte secrète donnant sur les jardins.

Au fond, au centre, une statue de Vénus.

Au fond, à gauche, deux grands portiques, surmontés d'une rosace en marbre ajouré, et par l'ouverture desquels, lorsque les tentures sont tirées, on voit des perspectives de cours ornées de fontaines coulant et de statues portant des flambeaux.

A gauche, au second plan, fenêtre close, à travers laquelle on aperçoit Rome sous la lune.

A droite, près de la porte donnant chez Flammeola, une table flanquée d'une chaise vers le mur, et d'un grand fauteuil vers la scène.

A gauche, au premier plan et au tiers de la scène, un lit de repos, très bas, garni de nombreux coussins, et dont la tête est marquée par un vase grec ou meurt une énorme gerbe de fleurs lourdes.

Par terre, des tapis d'Orient et des peaux de bêtes.

SCÈNE PREMIÈRE

ZYTHOPHANÈS, LATRO, THOMRYS, JOHANNÈS endormi.

(Au lever du rideau, Johannès est couché et dort sur le lit de repos ; Zythophanès est assis sur la chaise de droite ; Thomrys lui parle, inclinée derrière la table ; Latro est immobile, debout, dans le vestibule)

THOMRYS.

Je te l'ai déjà dit. Rien de plus, rien de moins.
Cela dut se passer très vite et sans témoins.
Latro vous rejoignait. Je suivais, loin derrière,
Lasse, quand tout à coup, du fond de la carrière,
J'entends monter la voix qui criait au secours.
Je reviens. Johannès s'évanouit. Je cours
Vers les porteurs. C'est tout.

ZYTHOPHANÈS.

Seul ! Là-bas ! Je soupçonne...

THOMRYS.

Il n'accuse toujours personne ?

ZYTHOPHANÈS.

                    Non, personne.
Et j'ai beau là-dessus l'interroger, prier,
Il ne veut pas, dit-il, nommer son meurtrier.
Mais je soupçonne Aruns.

THOMRYS.

                    En effet, oui, peut-être.

SCÈNE II

Les Mêmes, CAPPADOX.

CAPPADOX, entrant par un des grands portiques.

Quels ordres pour la nuit ?

ZYTHOPHANÈS, lui faisant signe d'approcher et de ne pas faire de bruit.

                    Les mêmes.

CAPPADOX.

                              C'est bien, maître.

ZYTHOPHANÈS.

Aruns est-il encor revenu ce soir ?

CAPPADOX.

> Oui,

Ce soir encor.

ZYTHOPHANÈS.

> Cela fait deux fois aujourd'hui.

Et toujours menaçant?

CAPPADOX.

> Non, ce soir, plutôt triste.

C'est presque avec des pleurs maintenant qu'il insiste
Pour voir Johannès.

ZYTHOPHANÈS.

> Mais n'as-tu pas répondu

Que c'est par Johannès lui-même défendu?

CAPPADOX.

Il prétend que je mens, et que d'ailleurs, n'importe,
Même en ce cas, il veut, il doit le voir.

ZYTHOPHANÈS.

> La porte

Est toujours bien gardée?

CAPPADOX.

> Oh! depuis ces trois jours,

Qu'Arans vient, les gardiens sont doublés.

ZYTHOPHANÈS.

Par les cours.
Les jardins, pas de ruse à craindre!

CAPPADOX.

Aucune, certe.

ZYTHOPHANÈS.

Et la poterne sur la ruelle déserte?

CAPPADOX.

Elle est en fer.

ZYTHOPHANÈS.

Mets-y quelqu'un quand même, prêt
A tout, si par hasard Aruns y pénétrait.

(Il continue à parler tout bas dans l'oreille, à Cappadox.)

LATRO, à part.

Quelle idée! Oui, moi!

THOMRYS, bas à Latro.

Non, pas toi! Tu vas le faire
Entrer.

LATRO, bas à Thomrys.

Que je le fasse ou non, c'est mon affaire.
Silence! Ou j'avoue.

THOMRYS, étouffant un sanglot.

Oh !

LATRO, s'avançant, à Zythophanès.

Moi, veux-tu ?

ZYTHOPHANÈS.

Soit ! Vas-y.
(Lui montrant la petite porte sous la galerie.)
Prends par là ! Le chemin est plus court. Va !

LATRO.

Merci.

(Il sort par la petite porte.)

SCÈNE III

Les Mêmes, moins LATRO, puis THOMRYS.

ZYTHOPHANÈS, à Thomrys.

Toi, dans ta chambre !

(Sort Thomrys par le grand portique de gauche.)
(A Cappadox.)

Toi, deux mots encor ! Fais mettre
Les musiciens dans la galerie.

(Il désigne la galerie haute aux trois baies fleuries.)

CAPPADOX.

Oui, maître.

ZYTHOPHANÈS.

Tout au fond, pour que l'on entende à peine leurs
Murmures tamisés par ce rideau de fleurs.

CAPPADOX.

Bien.

ZYTHOPHANÈS.

Et voici, pour eux et pour toi, la consigne.
(Montrant le fond de la cour.)
Tu te postes là-bas; et, dès que je fais signe,
Tu leur dis de jouer, lents, suaves, discrets,
Comme une brise au vol voluptueux et frais.
Va!
(Sort Cappadox par le grand portique du milieu.)

SCENE IV

ZYTHOPHANÈS, JOHANNES endormi.

ZYTHOPHANÈS.

Là, tout me semble ainsi s'ordonner à merveille,
Et cette nuit sera décisive.
(Écoutant du côté du lit.)

ACTE IV. — SCÈNE V.

Il s'éveille,

Je crois.

(Allant écouter de plus près.)

Non, pas encore.

(Regardant dormir Johannès.)

Il a de longs sommeils.

Tant mieux ! Caresse-les de tes beaux doigts vermeils,
Subtil Éros, et sous la magique caresse
Fais que Flammeola dans son rêve apparaisse,
Pour qu'il s'éveille sans pouvoir se ressaisir
Et que ses yeux pleins d'elle en gardent le désir !

SCÈNE V

ZYTHOPHANÈS, JOHANNÈS endormi, FLAMMEOLA.

FLAMMEOLA, paraissant à la porte de droite.

Eh bien ?

ZYTHOPHANÈS, allant à elle, puis lui montrant le lit.

De mieux en mieux. Vois ! Calme. Plus de fièvre.

(Elle s'est approchée à pas silencieux, et elle contemple longuement Johannès endormi.)

FLAMMEOLA.

Un sourire fleurit dans le pli de sa lèvre.

ZYTHOPHANÈS.

C'est qu'il pense à toi.

FLAMMEOLA.

Non, je n'ose y croire.

ZYTHOPHANÈS, l'emmenant loin du lit.

Si.
Hier déjà je l'ai trouvé plus radouci.
J'entends, il me parlait de ton prochain baptême !
Mais, de quelle façon ! Puis, la preuve qu'il t'aime,
C'est qu'il ne veut plus fuir, comme voilà huit jours ;
C'est qu'il m'écoute aussi, sans m'objecter toujours
Son Dieu sévère avec ses farouches apôtres,
Quand j'essaie à mon tour de lui dire les nôtres.
Ces chrétiens n'ont pas tous, d'ailleurs, comme on le croit,
Le cœur revêche à la beauté, l'esprit étroit.

FLAMMEOLA.

Lui surtout ! Son âme est jeune.

ZYTHOPHANÈS.

Et même ingénue.

En elle peu à peu ma sagesse insinue
L'ellébore qui doit chasser de sa raison
Les fantômes fumeux du mystique poison.
Sa maladie enfin l'a rendu plus débile,
Et j'en profite. Éros ingénieux, habile
A se servir de tout, à ne rien négliger
Des moindres choses, dans son boire, son manger,
Son sommeil, par les chants, les parfums, le bien-être,
Ainsi qu'un philtre aux sucs lents et sûrs, le pénètre.
Bref, je veux que tu sois heureuse, et c'est l'instant
De lui donner le coup de grâce qu'il attend,
Dans ce dernier combat que vont livrer tes charmes,
Gladiatrice armée, à ce vaincu sans armes.

JOHANNÈS, s'éveillant.

Ah!

FLAMMEOLA.

Il vient de parler. Écoute.

ZYTHOPHANÈS, allant vers le lit.

Je suis là,
Cher Johannès; regarde.

(En passant derrière le lit, il a fait de la main le signe convenu avec Cappadox, et, à partir de ce moment jusqu'à la fin de l'acte, la musique joue en sourdine, tantôt clairement perçue, tantôt arrivant seulement par bouffées sonores et vagues.)

FLAMMEOLA, s'approchant du lit à son tour.

Avec Flammeola.

JOHANNÈS.

Comme vous êtes bons! Votre bonté me touche.
Merci.

ZYTHOPHANÈS.

Ne veux-tu pas quitter un peu ta couche
Pour voir si tes pas sont plus forts?

JOHANNÈS, s'asseyant sur le rebord du lit.

Je veux bien, oui,
Oui.
(Il se lève, et essaie de faire un pas.)
Mais qu'est-ce que j'ai? Je suis comme ébloui,
Je chancelle.

FLAMMEOLA.

Permets que mon bras te soutienne.
Viens, et tu sentiras, ma marche aidant la tienne,
Sous tes pas allégés se fondre avec douceur
Ces tapis de fourrure à la molle épaisseur.
(Elle le fait marcher comme un enfant.)

JOHANNÈS, marchant lentement jusqu'au fauteuil qui est à droite.

Oui, c'est vrai.
>(En s'asseyant.)
>>Quelles sont ces musiques lointaines ?

>FLAMMEOLA, assise sur des coussins aux pieds de Johannès.

L'eau nocturne sanglote aux vasques des fontaines ;
La brise chante dans les arbres en rêvant ;
Et là-haut, sous les fleurs, un orchestre savant
Mêle, à ces bruits de vent qui passe et d'eau qui coule,
La flûte qui gazouille et le cor qui roucoule.

>ZYTHOPHANÈS.

N'est-ce pas très exquis?

>JOHANNÈS.

>>Presque trop, j'en ai peur.
Il semble autour de moi que flotte une torpeur
Dans l'air où la musique aux parfums se marie.
Et cet air, à travers ma chair endolorie,
S'infiltre en le troublant jusqu'au fond de mon cœur.

>ZYTHOPHANÈS.

Ce qui te grise, c'est la sève, ta vigueur
Qui renaît.

FLAMMEOLA.

Tel un lys, sur sa tige brisée,
Se redresse avec peine, alourdi de rosée.

ZYTHOPHANÈS.

Laisse-la remonter doucement dans ton corps.
Cette sève.

FLAMMEOLA.

Et parmi les senteurs, les accords,
Laisse voguer ton âme au flot des causeries
Où nous la bercerons dans des barques fleuries.

JOHANNÈS.

Soit! En vain contre vous ma raison se défend ;
Car ma faiblesse fait de moi comme un enfant
Qui s'apaise d'un conte au rythme monotone,
Sans prendre garde au sens des mots qu'on lui chantonne.

ZYTHOPHANÈS.

C'est par le conte aussi, vaguement écouté,
Qu'elle crut en nos dieux, la jeune humanité.
Et ces dieux, j'en conviens, sont de vains simulacres.
Mais, comme un élixir trop fort, aux saveurs âcres,
Qu'on fait boire, pour en dissimuler le fiel,

ACTE IV. — SCÈNE V.

Dans une coupe en or aux bords sucrés de miel,
Ainsi, pour enseigner la nature des choses,
C'est par des fables qu'il fallut dire les causes,
Dont nos poètes, ces gracieux échansons,
Ont doré l'amertume au miel de leurs chansons.
De là ces dieux sans nombre, et leur riante histoire,
Chère au peuple, mais dont le mensonge est notoire
Pour les sages, d'esprit sagace et radieux.
Qu'il existe un Olympe aux multiformes dieux,
Crois-tu qu'ils y croyaient, si ce n'est en figure,
Pythagore, Thalès, Héraclite, Épicure,
Et Socrate, et Platon, et tant d'autres encor,
Qui sous les fables, dont ils crevaient le décor,
Plus haut que tous ces dieux fictifs peuplant la terre,
Dans l'abîme du ciel ont bu l'eau du mystère?

JOHANNÈS, se levant, se séparant d'eux et retournant vers le lit.

L'eau du mystère et du salut, celle où boiront
Les petits et les grands agenouillés en rond,
L'eau qu'attendait le monde après sa vaine course,
C'est du pied de la croix qu'en a jailli la source.

FLAMMEOLA, le rejoignant.

Sans doute, et j'en ai soif, oh! soif, tu sais combien.
Mais, en attendant l'eau chrétienne, il fallait bien
Lui donner quelque chose à boire, au pauvre monde;

Et c'est à quoi servait l'autre source profonde
Qui désaltère aussi les âmes : la beauté.

ZYTHOPHANÈS, qui a rejoint aussi Johannès.

Oui, voilà ce que nos poètes ont chanté.
Les dieux qu'ils inventaient n'en sont que les images ;
Et c'est à la beauté qu'en eux on rend hommages.

FLAMMEOLA.

Ils n'ont pas, en effet, la laideur des démons,
Ces dieux charmants, ces dieux joyeux, que nous aimons.

ZYTHOPHANÈS.

Quelques-uns même ont une effigie exemplaire
Dont la majesté haute est faite pour te plaire :
Jupiter, aux sourcils que fronce l'équité,
Foudroyant les méchants d'un éclair mérité...

FLAMMEOLA.

Diane, d'un coup d'œil, même chaste, offensée...

ZYTHOPHANÈS.

Et l'austère Minerve au front lourd de pensée.

FLAMMEOLA, debout et s'exaltant peu à peu.

Tous, d'ailleurs, jusqu'aux moins sévères, tous sont beaux,
Tous, de ce monde obscur, ils étaient les flambeaux :
Phœbus apparaissant aux crêtes des collines

ACTE IV. — SCÈNE V.

Pour verser dans l'azur l'or de ses javelines,
Du haut de son quadrige au grand vol emporté,
Dont les chevaux ont pour crinière la clarté
Et des gouffres flambant de rubis pour narines ;
Et Bacchus, couronné de grappes purpurines,
Bacchus, consolateur des soucis orageux,
Père du vin, des chants, de la danse et des jeux ;
Et Vénus Aphrodite enfin, au corps de perle
Hors des flots dont l'écume autour d'elle déferle,
Qui surgit, les seins nus et le ventre au soleil,
Dans ses cheveux flottant comme un manteau vermeil,
Vénus dont le sourire entrevu met en fêtes
Le monde entier, les dieux, les hommes et les bêtes.
Vénus dont le regard est la splendeur des cieux,
Étant fait de tous les regards de tous vos yeux,
Éternels suppliants de Vénus éternelle,
Amoureux éperdus qui vous fondez en elle !

(S'apercevant qu'elle s'est trop enthousiasmée, et se rasseyant près de Johannès avec humilité.)

Mais pardon ! Je m'exalte ; et peut-être tu crois
Que j'oublie, en louant nos dieux, Christ et sa croix.

ZYTHOPHANÈS, vivement.

Non, ce qu'elle t'en dit, c'est pour te faire entendre
Où, même inconscients, nos cultes pouvaient tendre.

FLAMMEOLA.

Certes! Car Dieu, dont Christ est le fils mort pour nous,
Le vrai Dieu, devant qui tu m'as mise à genoux,
C'est lui que l'on aimait déjà sans le connaître
En aimant la beauté des choses qu'il fait naître.
Toi-même, tu ne peux penser qu'en adorant
Ces choses, le plaisir soit mauvais, qu'on y prend,
Puisque à se délecter ainsi de la nature
C'est vers le Créateur que va la créature.
Christ en personne, avant la croix et le tombeau,
Ne fut pas insensible à ce qu'il trouvait beau.
Ne nous as-tu pas dit qu'en des jours moins moroses
Il se complut parmi les palmes et les roses
Quand devant lui Jérusalem se prosterna...

ZYTHOPHANÈS.

Et qu'il a bu du vin aux noces de Cana...

FLAMMEOLA;

Et qu'enfin, aux parfums versés d'une urne pleine,
Il répondit par un sourire à Madeleine,
Et laissa Madeleine ensuite, sans courroux,
Lui caresser les pieds de ses longs cheveux roux.

JOHANNÈS.

C'est vrai, Christ lui fut bon.

ZYTHOPHANÈS.

Madeleine était belle.

JOHANNÈS.

C'est encor vrai.

FLAMMEOLA.

Pas plus que lui ne sois rebelle,
Toi, son fidèle apôtre et son imitateur,
A cet attrait du beau dont son père est l'auteur.
Goûte-le sans remords; et, puisqu'il te l'envoie,
Rends-lui grâces plutôt de t'en offrir la joie.
Ces musiques, ces fleurs, dont le charme te prend,
La santé qui revient, douce, à ton corps souffrant,
Ton esprit qui somnole en de molles paresses,
Mes soins t'enveloppant ainsi que des caresses,
Accepte tout d'un cœur bon, oui, même cela.

ZYTHOPHANÈS.

Tu sais, elle n'est plus cette Flammeola
Dont le baiser, trop plein d'ardeur, brûla ta bouche.
Sa tendresse à présent n'a rien qui t'effarouche.
Elle s'exprime encor comme une amante un peu;
Mais l'eau du repentir a transformé ce feu
En la plus délicate et tiède et fine cendre
D'un pur amour de sœur où tu peux condescendre.

JOHANNÈS.

Je sais, je sais, et sans crainte j'y condescends.
Et de même, apaisé, je les trouve innocents
Ces plaisirs savoureux à ma chair affaiblie,
Où mon austérité pour quelque temps s'oublie.

ZYTHOPHANÈS.

Christ a voulu sans doute en ces plaisirs nouveaux
Accorder quelque trêve à tes rudes travaux.
Bientôt tu reprendras la force qui t'exalte,
Comme un soldat plus brave après un jour de halte.

FLAMMEOLA.

C'est cela, c'est cela, mon Johannès. Demain,
Reposé, tu pourras te remettre en chemin
Vers le but lumineux auquel tendent nos rêves;
Et les étapes pour y toucher seront brèves,
Puisque nous le ferons désormais, ce chemin,
Allègres, côte à côte, et la main dans la main.

JOHANNÈS.

Oui, la main dans la main; quand le ciel sera sombre,
Comme deux pèlerins qui se tiennent dans l'ombre,

FLAMMEOLA.

Et quand il sourira de joyeuses couleurs,
Comme deux gais enfants courant parmi les fleurs.

JOHANNÈS.

Oui, oui, parmi les fleurs toujours fraîches écloses
Au mystique rosier dont nos vœux sont les roses.

FLAMMEOLA.

Sans jamais nous quitter, jamais, tous deux ravis!

JOHANNÈS.

Jamais! Pour arriver ensemble au saint parvis!

FLAMMEOLA.

Frère aimé!

JOHANNÈS.

Tendre sœur!

FLAMMEOLA.

Toujours l'un près de l'autre!

JOHANNÈS.

Toujours!

FLAMMEOLA.

O sort divin!

JOHANNÈS.

C'est le nôtre.

FLAMMEOLA.

Le nôtre!

JOHANNÈS.

Heureux, au sein de Christ

FLAMMEOLA.

Radieuse avec toi!

JOHANNÈS.

Dans ton salut!

FLAMMEOLA.

Dans notre extase!

JOHANNÈS.

Dans la foi!

FLAMMEOLA.

Dans l'amour sans remords et sans contrainte aucune,
Dans l'amour fou par qui deux âmes n'en font qu'une!

JOHANNÈS, lui étreignant les mains.

Chère Flammeola!

FLAMMEOLA, s'abandonnant

Cher Johannès!

(Ils se sont exaltés peu à peu, pendant que Zythophanès s'éloignait d'eux. Ils sont maintenant dans une extase silencieuse.)

ZYTHOPHANÈS, de loin, en fermant la tenture d'un des portiques qui donnent sur la cour.

Allez,
Les mots n'importent plus quand les sens sont troublés.
Au flux qui gronde en vous donnez un nom céleste!
Il monte. Il vous emporte. Éros fera le reste.

(Il sort en tirant la tenture de l'autre portique.)

SCÈNE VI

JOHANNÈS, FLAMMEOLA.

JOHANNÈS.

Quel trouble étrange! Tout mon être en est conquis.
Et pourtant ce n'est pas terrible; c'est exquis.
Ces musiques de rêve aux ailes caressantes,
Les images que tu jetais, éblouissantes,
Évoquant au soleil de blanches visions,
Les mots fleuris d'espoir qu'ensemble nous disions

A côté de ces fleurs mourantes dans ce vase,
Qui mêlaient en mourant leur âme à notre extase,
Tout cela m'enveloppe encore, et je me sens
Comme étreint par des bras très doux et très puissants.

FLAMMEOLA.

Oh! n'y résiste pas, à cette forte étreinte!
Tu t'y peux désormais abandonner sans crainte
Dans l'alanguissement tendre qui nous unit,
Comme un couple d'oiseaux au creux tiède d'un nid.
Johannès!

JOHANNÈS.

Oui, dis-moi mon nom de ta voix lente.

FLAMMEOLA, en lui prenant la main.

Johannès!

JOHANNÈS, en dégageant sa main.

Ne prends pas ainsi ma main brûlante.

FLAMMEOLA, la lui reprenant.

La mienne est plus brûlante encore, n'est-ce pas?

JOHANNÈS.

Oui, plus brûlante.

(Ils restent silencieux un moment, les yeux dans les yeux.)

Parle! Oh! parle-moi, tout bas!
Ma tête est lourde, et si légère est ton haleine!

FLAMMEOLA, lui prenant les deux mains.

Donne-les-moi, tes mains. Ainsi que Madeleine
Caressa les pieds nus du Maître, je voudrais
Répandre sur tes mains en feu mes cheveux frais.
Laisse-toi faire, laisse un peu, je t'en supplie!
C'est l'humble chose par Madeleine accomplie;
Et me la refuser, tu n'en as pas le droit.
Sont-ils frais à tes mains, dis?

JOHANNÈS, très troublé.

Ils m'y donnent froid.
Et la flamme à présent, une flamme de forge,
C'est dans mon front que je la sens, et dans ma gorge,
Et dans mes yeux brouillés au regard obscurci.

FLAMMEOLA.

Et dans ton cœur peut-être?

JOHANNÈS, de plus en plus troublé.

Oui, dans mon cœur aussi.
Il me semble qu'en moi mon sang bout et fermente.

FLAMMEOLA, qui a cueilli au bord du vase un brin de plante qu'elle mordille, et en pressant Johannès de plus en plus, jusqu'à la fin du couplet, à la fois coquette, câline, douloureuse et passionnée.

Si tu cueillais à mes lèvres ce brin de menthe,
Tu désaltérerais l'âpre soif de ton sang,
Tel du sable au baiser d'un ruisseau jaillissant,
Si tu cueillais à mes lèvres ce brin de menthe!
Ne veux-tu pas? Pourquoi souffrir? Ta soif augmente,
Je le vois. Tes grands yeux sont pleins d'égarement.
Sois bon pour toi. Sois bon pour nous. Rien qu'un moment!
Et tu le guérirais, le mal qui nous tourmente,
Si tu cueillais à mes lèvres ce brin de menthe.
Car je souffre, mon Johannès, je souffre aussi;
Et pour mon cœur, brûlant tour à tour et transi,
C'est comme pour le tien, c'est la fin de nos fièvres,
Si tu le cueilles, ce brin de menthe, à mes lèvres.

(Elle s'est couchée peu à peu, en arrière, de façon que sa tête soit posée sur les coussins, la face vers celle de Johannès incliné, et lui offrant sa bouche.)

JOHANNÈS, comme attiré par un gouffre, où il tombe enfin, en posant ses lèvres sur celles de Flammeola.

Oui, oui, je le veux, donne!

(Ils demeurent éperdus dans un long baiser.)

SCÈNE VII

Les Mêmes, ARUNS.

ARUNS, apparaissant à la petite porte de droite, et après les avoir contemplés, stupéfait.

Abomination!

JOHANNÈS, réveillé de son ivresse.

Aruns!

FLAMMEOLA, même jeu.

Lui!

ARUNS, avec un sombre désespoir.

C'est au seuil des portes de Sion
Qu'il est tombé!

(Il s'avance un peu.)

JOHANNÈS, la tête dans ses mains.

J'ai peur.

ARUNS.

Ne crains pas ma colère.
Devant l'abjection où tu t'es pu complaire,

Ma colère s'écroule au poids de mes douleurs,
Et je n'ai plus pour toi, mon frère, que des pleurs,
O pauvre être déchu du plus sublime rêve,
Dont les yeux sont crevés quand l'aurore se lève !

JOHANNÈS.

Que dis-tu là ?

ARUNS.

Je dis que je te plains. Je dis
Qu'à l'heure où nous allons gagner le paradis,
Quand il ne reste plus vers lui qu'un pas à faire,
Toi, gisant au bourbier que ta honte préfère,
Tu ne peux même plus faire ce dernier pas
Vers la Jérusalem où tu n'entreras pas.

JOHANNÈS.

Quoi ?

ARUNS, d'un air prophétique.

Le jour est venu !

JOHANNÈS.

Quel jour ?

ARUNS, même jeu.

Et l'heure sonne !

JOHANNÈS.

Quelle?

FLAMMOÈLA.

N'écoute pas!

JOHANNÈS.

Si, laisse!

FLAMMEOLA.

Il déraisonne.

ARUNS.

Apprends, et qu'ils en soient redoublés, tes remords.
Apprends que cette mort, la plus belle des morts,
Celle que notre foi toujours avait rêvée.
Enfin pour notre gloire elle était arrivée.

(Avec un geste à Flammeola.)

Trahis sans doute par quelqu'un de sa maison,
Les Chrétiens dénoncés sont traînés en prison.

JOHANNÈS.

Grand Dieu!

ARUNS.

J'ai pu venir, évitant le prétoire,
Pour t'en donner l'avis comme d'une victoire.

Et pour t'offrir, pasteur de notre saint troupeau,
L'honneur d'être à sa tête en tenant son drapeau.
Mais, hélas! je le vois, de cet honneur insigne,
Ton bras n'est plus capable et ton cœur n'est plus digne.

JOHANNÈS.

Pitié, pitié, mon frère!

ARUNS.

Adieu donc, malheureux!
Nos amis sont là-bas, sans pasteur, et sur eux
Je dois veiller. Je vais où ce devoir m'attire.
Exalter leur vertu, partager leur martyre,
Et prendre, extasié de mon prochain trépas,
Au céleste banquet la place où tu n'es pas.

JOHANNÈS, voulant se lever.

J'y vais! J'y vais!

FLAMMEOLA, le retenant.

Non.

ARUNS.

Viens!

JOHANNÈS, chancelant.

Ah! jusqu'à cette porte
Ne pas même pouvoir...

ARUNS.

Veux-tu que je t'emporte!

JOHANNÈS.

Oui, oui.

FLAMMEOLA, à Aruns.

Mes gens sont là. Tu seras massacré.
(Courant vers le portique du fond.)
Holà!

JOHANNÈS.

Frère, c'est vrai. Fuis! Dès que je pourrai,
J'irai moi-même, seul, m'offrir en holocauste.
Mais ton poste est là-bas, près d'eux. Rejoins ton poste.
Va! Dès que je pourrai, j'irai tenir le mien.
Je t'en fais le serment.

ARUNS.

J'en prends acte, c'est bien.
Que ce vin pur de ton serment te réconforte!
Qu'il redonne la vie à ta volonté morte!
Et dans l'assaut suprême où s'affirme ta foi,
La bénédiction de Christ soit avec toi!

(Il sort par la petite porte de droite.)

SCÈNE VIII

JOHANNÈS, FLAMMEOLA.

JOHANNÈS, en exaltation, dans un grand mouvement.

O mon Christ !

FLAMMEOLA.

Par pitié, prends garde à ta blessure.

JOHANNÈS.

Christ, je t'implore.

FLAMMEOLA.

Aruns fait erreur, j'en suis sûre.

JOHANNÈS.

Tais-toi, femme.

FLAMMEOLA.

Aruns a menti.

JOHANNÈS.

Tais-toi, démon !

FLAMMEOLA.

Sois plus calme.

JOHANNÈS.

Mes pieds, pris dans l'impur limon,
Délivre-les, ô Christ, pour que j'aille à ma place
Au céleste banquet, là-bas!

FLAMMEOLA, lui touchant les mains et le front.

Ta main se glace,
Ton front brûle.

JOHANNÈS.

Va-t'en, toi, ne me touche pas!

FLAMMEOLA.

Mais tu délires; mais c'est la fièvre.

JOHANNÈS.

Oh! là-bas,
Avec Aruns, avec eux tous, dans les supplices!

FLAMMEOLA.

Johannès!

JOHANNÈS.

Je le veux.

FLAMMEOLA.

O folie !

JOHANNÈS.

O délices !

SCÈNE IX

Les Mêmes, ZYTHOPHANES, CAPPADOX, Deux Esclaves.

ZYTHOPHANÈS, *arrivant effaré par un des portiques du fond, dont il laisse la tenture ouverte, ce qui permet de voir que la cour est maintenant toute noire.*

Alerte ! Hâtons-nous, car les instants sont courts.
Il faut vite cacher Johannès. Dans les cours
Tout est éteint. Qu'ici de même tout s'éteigne.

(A Cappadox et aux esclaves)

Faites !

(Cappadox et les deux esclaves éteignent toutes les lumières de la salle, puis sortent par la porte de droite.)

Car on le cherche. Avant qu'on nous atteigne,
Il faut dans quelque endroit secret et protecteur...

FLAMMEOLA.

Mais qui le cherche?

ZYTHOPHANÈS.

Qui? Les gardes du préteur.
Ils viennent l'arrêter. Ils ont brisé la porte.

JOHANNÈS.

O mon Christ, ta brebis n'étant pas assez forte
Pour aller jusqu'à toi, tombait sur le chemin ;
Tu viens la prendre ici toi-même de ta main.

FLAMMEOLA, voulant l'entraîner chez elle.

Johannès, laisse-nous t'emmener. Viens !

JOHANNÈS.

Arrière !

FLAMMEOLA.

Ecoute !

JOHANNÈS, tombant à genoux.

Laisse-moi ! Mon âme est en prière,
Est en extase. Que la tienne y soit aussi !

SCÈNE X

Les Mêmes, Un Centurion, Des Gardes urbains.

UN GARDE, à la cantonade.

Par là, centurion.

(On voit dans le fond passer des soldats portant des torches.)

UN SECOND GARDE, arrivant au portique.

Non, non, c'est par ici.

(Au centurion qui paraît.)

Tiens, regarde.

(D'autres gardes paraissent derrière le centurion.)

LE CENTURION.

En effet.

(Au second garde.)

A ton rang!

(Aux autres gardes.)

Vous, au vôtre!

(Les gardes garnissent la cour et les portiques, alignés, après avoir fait retentir sur le sol leurs piques et leurs boucliers.)

(Le centurion s'avance vers le groupe formé par Johannès, Zythophanès et Flammeola.)

C'est bien toi Johannès, n'est-ce pas, toi l'apôtre?

FLAMMEOLA.

Ce n'est pas lui.

JOHANNÈS.

C'est moi Johannès.

LE CENTURION.

Bien ! Suis-nous.

FLAMMEOLA, *montrant Johannès qui se traine sur les genoux.*

Te suivre ! Tu veux donc qu'il le fasse à genoux.
Vois, il se traîne, il va mourir s'il continue.

JOHANNÈS, *d'abord se trainant sur les genoux, puis affermissant peu à peu sa marche, se redressant et dans une exaltation croissante.*

Non ! Dans mon corps mourant la force est revenue ;
Je sens avec ma foi se raffermir mes pas ;
Le miracle qu'il faut pour me porter là-bas
Près de mes frères, Christ m'en accorde la grâce,
Et, dans une allégresse exquise à ma chair lasse,
Vers le ciel où lui-même enfin me ramena,
J'irai, je vais, je cours... Hosanna ! Hosanna !

ACTE V

DANS LES COULISSES DE L'AMPHITHÉATRE

ACTE V

C'est la cour à arcades où se préparait le spectacle, avant la grand'-
porte d'entrée de l'amphithéâtre, sous la loge impériale.

A droite, au second plan, une porte basse donnant sur une galerie intérieure.

Au fond, à droite et à gauche, en pans coupés, des salles basses, voûtées, et grillées vers la scène.

A gauche, au premier plan, une estrade surélevée de trois marches, où est une chaise curule.

Au fond, au milieu, avançant en scène et laissant en retrait les deux salles voûtées, un immense porche en arcade, dont le seuil est exhaussé de trois marches, et que clôt une énorme porte en bronze, à deux battants.

SCÈNE PREMIÈRE

FLAMMEOLA, LATRO, THOMRYS, CONGRIO, PSYLLIUM, ARUNS, l'Infirme, SERGIUS, TRUCIDO, PALUS, TRULLA, Le Centurion, Chrétiens, Gardes urbains.

(Au lever du rideau, Flammeola est à gauche, au premier plan, absorbée dans ses pensées, et Latro à droite dans la même attitude. Non loin de Latro se tient Thomrys. Près d'elle Psyllium, et Congrio. Aruns et les Chrétiens sont dans le cachot grillé, au fond, à gauche. Deux gardes urbains sont postés à l'entrée de droite, deux à l'intérieur du cachot, près de la grille; un peloton de huit, sur deux rangs, est aligné devant le portail du fond. Le centurion va et vient.)

CONGRIO, à Psyllium.

Ah! les femmes! Jamais cela ne vous écoute!
Tu vois le résultat et ce qu'il nous en coûte.
Je t'avais toujours dit que c'était dangereux!
Sans doute ils payaient bien et l'on gagnait sur eux;
Mais louer nos caveaux pour chapelle secrète,

C'était trop. On descend chez nous, on les arrête,
Et par ces criminels nous voilà compromis.

PSYLLIUM.

Cités comme témoins, pas plus.

CONGRIO, avec un geste de doute.

Oh!

(Aux Chrétiens, en s'approchant peu à peu de la grille)

Chers amis,

Si ça doit mal finir, ce n'est pas notre faute,
N'est-ce pas? Je puis donc espérer qu'à voix haute
Vous avez au préteur déclaré tout d'abord
Que ma femme ni moi n'étions de votre bord.
Dites!

LE CENTURION, lui barrant le passage.

Les accusés ne parlent à personne.

CONGRIO, en se reculant avec déférence.

Bien!.. C'est que, tu comprends, au cas qu'on nous soupçonne,
La mort qui les attend serait aussi pour nous.

LE CENTURION.

Qui veut vivre n'a qu'à proclamer à genoux
Son culte envers César et les dieux de l'Empire.

CONGRIO, à Psyllium.

C'est ce que nous ferons, dis?

PSYLLIUM.

Sûr.

CONGRIO.

Ah! je respire.

FLAMMEOLA, à part.

Comme Zythophanès reste longtemps là-bas!
Hélas!... Si les Chrétiens encor n'avouaient pas!
Si je pouvais d'Aruns obtenir qu'on diffère
D'un jour l'acte de foi, d'un jour! Mais comment faire?

(Elle retombe dans ses réflexions.)

PSYLLIUM, à Thomrys, montrant Latro.

Vous êtes bien cités aussi comme témoins.
Vous?

THOMRYS, à voix brève.

Oui.

PSYLLIUM.

Flammeola de même, hein!

THOMRYS.

Oui. Du moins,
Jusqu'à présent.

PSYLLIUM.

Comment! Tu crains qu'on la tourmente,
Elle?

THOMRYS.

Peut-être.

PSYLLIUM.

Oh! non! Quel malheur! Si charmante,
Si bonne aux pauvres gens! Mais elle n'a rien fait.

THOMRYS.

Et les subsides pour les Chrétiens?

CONGRIO.

En effet,
C'est elle...

PSYLLIUM.

Tu n'as pas besoin, toi, de le dire.

CONGRIO.

Je dirai ce qu'il faut, et que chacun se tire
D'affaire.

PSYLLIUM, à Thomrys.

Connaît-on qui les a dénoncés?

THOMRYS.

Non.

PSYLLIUM.

Johannès fut pris voilà deux jours passés,
N'est-ce pas?

THOMRYS.

deux jours.

PSYLLIUM.

Et dans votre demeure?

THOMRYS.

Oui.

PSYLLIUM.

Le matin?

THOMRYS.

La nuit, vers la dix-huitième heure.

PSYLLIUM.

Et qu'est-il devenu depuis?

THOMRYS.

On n'en sait rien.

PSYLLIUM.

Est-ce vrai, ce qu'on dit, qu'avec le grammairien,
Elle a pu, profitant de sa haute naissance,
Le faire fuir? Sinon, d'où viendrait son absence,
A lui, chef des chrétiens, quand les autres sont là?

SCÈNE II

Les Mêmes, ZYTHOPHANÈS.

ZYTHOPHANÈS, *entrant par la droite et présentant une cédule au garde urbain qui est de sentinelle à la porte.*

Zythophanès, témoin.

(Le garde le laisse passer.)

C'est moi, Flammeola.

(Il se dirige vivement vers elle, que sa voix a brusquement réveillée.)

FLAMMEOLA.

Ah!... Eh bien?... Est-ce bon, ce que tu vas m'apprendre?

ZYTHOPHANÈS.

Je pense.

FLAMMEOLA.

Parle, parle.

ZYTHOPHANÈS, avec des précautions.

Assez bon pour me rendre
Un peu d'espoir, qu'il faut partager, l'acceptant
Tel quel...

FLAMMEOLA, anxieuse et impatiente à la fois.

César n'a pas fait grâce?

ZYTHOPHANÈS.

Non, pas tant.

FLAMMEOLA.

Il consent à m'entendre, au moins?

ZYTHOPHANÈS.

Pas davantage.

FLAMMEOLA, découragée.

Quel espoir faut-il donc qu'avec toi je partage?

ZYTHOPHANÈS.

L'affranchi de César, Phryllas, son favori,
S'est entremis pour nous, et César a souri.

Ce sourire, il est vrai, la cause en reste obscure.
Mais Phryllas y voit clair sans doute. Il en augure
Que César, qui s'amuse à ton vœu haletant,
Sourit de l'exaucer juste au dernier instant.

FLAMMEOLA.

Ah! Comme il me fait peur, ce sourire équivoque!

ZYTHOPHANÈS.

Peur! Et pourquoi? L'espoir suprême qu'il évoque,
Si César, te l'ayant donné, te le volait,
César serait un monstre, alors?

FLAMMEOLA.

                        C'est ce qu'il est.

ZYTHOPHANÈS.

Non, non, je ne peux pas y croire. Prends courage!
Eros n'a pas encore achevé son ouvrage.
Il vous protège. Il veut que vous soyez heureux.
Des amants tel que vous, il sait lutter pour eux.
Vous êtes les soleils dont son autel se pare.
Il ne souffrira point que la mort vous sépare
Avant que vos deux cœurs aient pu s'extasier
A n'en plus faire qu'un dans son rouge brasier.

FLAMMEOLA.

Puis-je me prendre encore à ces amorces vaines?
Hélas! le feu d'Eros ne bout plus dans mes veines.
C'est l'affreuse terreur, sa fièvre et son poison
Qui me travaillent. Tiens! Par moments, ma raison
S'égare. A des projets insensés je m'arrête.
Aruns! Persuader Aruns! Lui, qu'il se prête
A ce mensonge! C'est impossible... Et pourtant!...
(Avec décision)
Oui!
(Au centurion, avec une brusque autorité.)

Va dire au préteur que je veux un instant
Parler avec Aruns, lui seul, et tout de suite.
S'il osait un refus, dis-lui que sa conduite
Déplairait à César, à qui je m'en plaindrai.
Va.
(Le centurion sort par la droite.)

ZYTHOPHANÈS.

C'est déraisonnable, en effet.

FLAMMEOLA.

A ton gré,
Blâme-moi! Soit! J'agis, sans voir dans ma démence
Où finit le possible, où l'absurde commence.

Je marche en pleine nuit, au hasard, m'y perdant.
Je ne suis pas chrétienne et le suis cependant.
Je ne sais plus!... Mais lui! Penser qu'on le torture
Peut-être! Oh! non, non, dis!

(En se jetant dans les bras de Zythophanès.)

SCÈNE III

Les Mêmes, Le Centurion.

LE CENTURION, à Flammeola.

Ordre de la préture ;
Tu peux.

FLAMMEOLA, radieuse.

Ah!

LE CENTURION.

Les témoins, loin du seuil, écartés,
Là-bas!

(Il désigne le couloir de droite, où se rendent Latro, Thomrys, Congrio,
Psyllium, puis Zythophanès, sur un geste de Flammeola.)
(Il revient vers la grille et désigne les Chrétiens.)

Eux, sauf Aruns, tout au fond !

(Les deux gardes postés à l'intérieur de la grille, repoussent les Chrétiens, sauf Aruns, dans l'arrière-prison où ils disparaissent et à l'entrée de laquelle demeurent seuls visibles les deux gardes.)
(Aux gardes rangés devant le portail du fond.)

Vous, restez !

(Il ouvre la grille et s'adresse à Aruns.)

Toi, sors, viens lui parler.

SCÈNE IV

FLAMMEOLA, ARUNS, Le Centurion et Les Gardes.

(Les gardes demeurent immobiles à leur poste, le centurion continue à aller et venir.)

FLAMMEOLA, pendant qu'Aruns s'approche.

Ah ! que vais-je lui dire ?
Comment puis-je espérer qu'il renonce au martyre ?

ARUNS, près d'elle, très calme.

Que veux-tu ?

FLAMMEOLA, d'une voix tremblante, avec hésitation.

Te prier humblement, en son nom,
Pour éviter la mort, de te soumettre.

ARUNS, *d'une voix de plus en plus calme, lentement.*

Non.
N'insiste pas! Tu vois si ma réponse est calme.
C'est qu'à mon poing déjà je sens germer la palme
Et suis tout au bonheur du moment désiré
Où pour m'ouvrir ton ciel, Christ, je la brandirai.
Si quelque chose encore a droit de m'en distraire,
Hélas! c'est le regret que Johannès mon frère
Ne soit pas avec nous dans ce moment exquis
Pour jouir à plein cœur du martyre conquis.
Je ne l'accuse point. Toi seule fus infâme.
Croyant sauver son corps, tu veux perdre son âme.
Tu ne la perdras pas, quand même. Car j'ai foi
Dans le viril serment qu'il m'a fait devant toi.
Sous le dais triomphal que nos morts vont lui tendre,
Il viendra nous chercher où nous montons l'attendre.

FLAMMEOLA.

Tu vois, je ne t'ai pas interrompu. J'ai craint...
Si tu savais pourtant quelle angoisse m'étreint!
Tu crois que je l'empêche?...

ARUNS.

Oui, toi.

ACTE V. — SCÈNE IV.

FLAMMEOLA.

Non, je te jure.

ARUNS.

Tu mens.

FLAMMEOLA.

Oses-tu bien lui faire cette injure!
Penser qu'il a pu vous trahir, qu'il s'est enfui!
Mais j'ignore aussi, moi, ce qu'on a fait de lui!
J'ai peur qu'on le réserve aux plus cruels supplices;
Et c'est afin que vous ne soyez pas complices
De ses bourreaux, c'est pour l'y soustraire, au besoin,
Malgré lui, pour qu'il puisse avec toi prendre soin
De tant d'âmes qu'il faut guérir, c'est pour qu'il tienne
Sa promesse envers moi de me faire chrétienne,
C'est pour cela, ce n'est que pour cela, vraiment,
Que je te dis : Retarde encore le moment
Où vous proclamerez la foi du divin Maître;
Quelques jours seulement consens à te soumettre;
Tes frères te suivront; tu les en convaincras;
Ils aiment Johannès; ils ne sont pas ingrats;
Vous le disculperez d'avoir été l'apôtre;
Et quand il sera sauf, plus tard, un jour ou l'autre,
Bientôt, nous y courrons, au martyre rêvé,
Mais tous ensemble alors, avec lui retrouvé.

ARUNS.

C'est toujours le Malin qui parle par ta bouche.
Le sort de Johannès est le seul qui te touche.
Si tu l'aimais ainsi que moi, chrétiennement,
Bien loin de retarder l'heure du dénouement,
A la hâter pour lui tu serais la première,
Voulant déjà le voir au chemin de lumière
Où le martyr vainqueur porte resplendissant
L'ostensoir en rubis des gouttes de son sang.
Adieu! Laisse mon cœur à l'ineffable joie
De sentir approcher cette aube qui rougeoie
Et d'en verser la pourpre et le vin et le miel
A tous ces voyageurs en route pour le ciel.

(Il se dirige vers la grille.)

FLAMMEOLA, à l'avant-scène.

O foi qui les soutiens, ô force surhumaine,
Viens à mon aide!

LE CENTURION, à Aruns, en le retenant en scène.

Reste en ce lieu.

(Aux gardes qui surveillent les Chrétiens.)

Qu'on ramène

Les accusés!

SCÈNE V

Les Mêmes, puis Les Chrétiens, puis ZYTHOPHANÈS, THOMRYS, LATRO, CONGRIO, et PSYLLIUM.

(Sur l'ordre du centurion, les Chrétiens sont revenus, et, la grille leur ayant été ouverte, se placent au centre de la scène, devant les marches du grand porche.)

LE CENTURION, vers la porte de droite.

Rentrez, les témoins!

(Les cinq témoins rentrent.)
(Aux gardes urbains rangés devant la grande porte du fond, en leur désignant Aruns et les Chrétiens.)

Vous, ici!

Entourez ces gens!

(Aux cinq témoins, en leur désignant le mur de droite qui fait face à l'estrade du préteur.)

Vous, là!

(Aux deux gardes de la porte de droite.)

Qu'on y veille aussi!

Le préteur va venir.

ZYTHOPHANÈS, à mi-voix, à Flammeola.

Eh bien! la violence

D'Aruns?...

FLAMMEOLA, même jeu, à Zythophanès.

Aruns est calme.

ZYTHOPHANÈS, élevant la voix.

Il accepte !

LE CENTURION, brutalement.

Silence !

(Il annonce d'une voix forte.)

Le préteur !

(Au moment où il annonce, on voit déboucher, par la porte grillée de droite, le cortège du préteur.)

SCÈNE VI

Les Mêmes, Six Licteurs, Huit Prétoriens et Leur Centurion, Le Bourreau et Ses Deux Aides, Deux Porte-Enseigne, Le Préteur.

(Les six licteurs vont s'aligner sur l'estrade, derrière la chaise curule, que flanquent les deux porte-enseigne. Le bourreau et ses aides restent en bas, près des prétoriens qui s'alignent entre l'estrade et les chrétiens.

LE PRÉTEUR, sur sa chaise curule.

En ton nom, César très bon, très grand.
Très vénérable, moi, préteur, par qui se rend

Ta justice, et ne la trouvant pas assez dure
Envers les Chrétiens, j'ai, pour toute procédure,
Choisi celle des camps, sommaire et sans recours.
Point de formalités vaines, de longs discours !
Voici la question, simple, qu'à tous je pose :
Es-tu Chrétien ? Ne l'es-tu pas ? Rien autre chose !
Chrétien, c'est la mort. Non Chrétien, la liberté.
Accusés ou témoins, nul n'en est excepté,
Sauf toi, Flammeola, de qui César très juste
Connaît le dévouement à sa personne auguste.

CONGRIO, se précipitant vers l'estrade du préteur.

Je ne suis point Chrétien. Leur Christ m'est odieux.
(A genoux.)
J'adore à deux genoux César, et les vrais dieux,
Et toi, préteur, et la justice, et tout le reste
En qui la majesté des dieux se manifeste.
Ma femme ainsi que moi pense de point en point.
N'est-ce pas, Psyllium ? Réponds.

PSYLLIUM.

       Je ne suis point
Chrétienne.

LE PRÉTEUR, leur faisant signe qu'ils sont libres.

Allez ! Bien !

(Congrio et Psyllium sortent en courant par la porte de droite.)
(A Thomrys.)

Toi ?

THOMRYS, en place.

Je ne suis point Chrétienne.

LE PRÉTEUR, à Latro.

Toi ?

LATRO, en place.

Non Chrétien.

LE PRÉTEUR, à Zythophanès.

Toi ?

ZYTHOPHANÈS, s'avançant.

Moi, je suis pour qu'on s'abstienne
De répondre quand on n'a rien à dire ; mais,
Puisque, quand même, il faut te répondre, permets
Que je retarde un choix qui n'est pas fait encore.
Suis-je Chrétien ? Ne le suis-je pas ? Je l'ignore.
Le bonheur de Flammeola fut mon seul vœu.
Le dieu qui fera son bonheur sera mon dieu.

LE PRÉTEUR.

C'est bien. Flammeola n'est certes pas Chrétienne.
(Désignant Zythophanès, Thomrys et Latro.)
Donc, ces trois, hors de cause !
(Sur un mouvement de Thomrys pour s'en aller.)
Ici qu'on les retienne
Toutefois ; car peut-être en aurai-je besoin.
Aux accusés !

ARUNS, s'avançant.

C'est prendre un inutile soin
Que les interroger aussi l'un après l'autre.
Johannès est absent. Je remplace l'apôtre.
Et pour lui, pour eux tous, du premier au dernier,
Sûr que pas un, ô Christ ! ne va te renier,
Dans l'ardeur de la foi qui nous exalte l'âme,
Voici ce que moi, chef des Chrétiens, je proclame :
Nous n'adorerons pas César ni ses préteurs ;
Nous détestons vos dieux, qui sont des dieux menteurs ;
Il n'est qu'un Dieu ; devant son nom tout doit se taire ;
C'est Christ !

TOUS LES CHRÉTIENS.

Oui !

ARUNS.

Gloire à Christ!

LES CHRÉTIENS.

      Au ciel et sur la terre!

SERGIUS.

Ta voix est notre voix.

TRULLA.

    Nos cœurs sont dans le tien.

L'INFIRME.

Je suis Chrétien!

PALUS.

   Je suis Chrétien!

SERGIUS.

      Je suis Chrétien!

LES CHRÉTIENS, d'une clameur unanime et formidable.

Je suis Chrétien!

LE PRÉTEUR, au bourreau.

   Bourreau, c'est à toi de poursuivre.
Ils vont mourir. Tu sais comment. Je te les livre.

ARUNS.

Alleluia! Voici notre soleil levé!

ACTE V. — SCÈNE VI.

FLAMMEOLA, bas à Zythophanès.

Et Johannès ? On n'a rien dit. Il est sauvé !

ARUNS.

O mes frères, soyons ravis ! Quelles délices !
C'est tout à l'heure enfin qu'au milieu des supplices
Notre appel sur le monde entier doit retentir.
Suprême acte de foi, dernier cri du martyr,
L'amphithéâtre est plein d'une foule en attente,
Et tu vas lui sonner la diane éclatante.

LE PRÉTEUR.

La loi ne prescrit pas l'amphithéâtre plein :
Et, sachant justement qu'à la folie enclin
Ce peuple quelquefois avec vous déraisonne,
On veut qu'à votre mort il n'assiste personne.
(A Flammeola, avec amabilité.)
César, aux passe-droit pour toi seule indulgents,
N'admet que ta présence et celle de tes gens.

FLAMMEOLA, se cachant la face contre Zythophanès.

Non ! Je refuse ! Horreur !

ZYTHOPHANÈS, au préteur.

     Vois, sa face est livide,
Et...

LE PRÉTEUR.

César y tient.

ARUNS, après un moment de stupeur.

Quoi! L'amphithéâtre vide!
Mais alors!...

LE PRÉTEUR.

Je n'ai plus rien à dire. Je n'ai
Qu'à remplir jusqu'au bout l'ordre qui m'est donné.
Comment César entend désormais qu'on vous traite,
Quelle mort, dans l'amphithéâtre, mais secrète,
Vous attend, vous allez en juger par vos yeux.
Depuis hier déjà votre apôtre...

FLAMMEOLA, terrifiée.

Grands Dieux!

LE PRÉTEUR, désignant la grande porte du fond.

La subit, ici.

FLAMMEOLA, effarée, se jetant dans les bras de Zythophanès presque pâmée.

Lui!... Le voir!... Oh! qu'on m'emporte!
Je ne veux pas.

LE PRÉTEUR.

César le veut.

(Aux deux aides du bourreau.)
Ouvrez la porte!

SCÈNE VII

Les Mêmes, JOHANNÈS.

(Par la porte ouverte à deux battants, se découvre la perspective de l'amphithéâtre vide, sous un ciel incendié de lumière. Dans l'arène, à quelques pas du seuil, est dressée une croix en forme de tau, très basse, à laquelle est attaché Johannès évanoui. Il est à demi nu, son bras droit délié pend inerte. Sa tête est penchée sur son épaule gauche. La ligne des derniers gradins de l'amphithéâtre, très lointaine, coupe sa silhouette vers la poitrine, et ainsi son buste et sa tête apparaissent en plein azur, sombres dans la clarté crue du soleil qui le frappe de trois quarts par derrière.)

FLAMMEOLA, poussant un grand cri.

Ah!

(Elle tombe évanouie entre les bras de Zythophanès qui la soutient.)

ARUNS et LES CHRÉTIENS.

Johannès!

(Ils s'agenouillent tournés vers lui.)

JOHANNÈS, revenant à lui, l'œil hagard.

Pourquoi m'éveille-t-on ?... J'allais,
Parmi les anges, dans la lumière. O palais
D'astres en fleurs ! Concerts de harpes et de flûtes !
Encensoirs des soleils, d'où montaient en volutes
Des âmes, des essaims d'âmes, vers l'Orient !
Et Christ m'ouvrait ses bras d'aurore en souriant.
Pourquoi vos cris m'ont-ils rappelé sur la terre?

ARUNS.

Prions pour lui !

JOHANNÈS, douloureusement.

J'ai soif... Ah ! l'eau qui désaltère,
Les fontaines d'azur là-haut !...

(Portant la main à sa gorge.)

Ce feu, ce feu
Me brûle.

ARUNS.

O Christ, pitié pour lui !

JOHANNÈS.

Mon Dieu, mon Dieu.
Grâce ! Faut-il encore, après l'avoir finie,
Recommencer sans fin cette longue agonie ?

ARUNS et LES CHRÉTIENS.

Pitié, Christ!

JOHANNÈS.

Non! Souffrir! Je veux encor souffrir.
C'est le seul don, mon Christ, que je puisse t'offrir.
(Avec égarement.)
Oh! devant mes yeux lourds quelle ombre tourne, noire!
(Avec un geste palpant douloureusement sa poitrine.)
Oh! dans ma chair, partout, ce fer rouge!

(Avec un profond râle.)

Ah!...

(La tête ballottante.)

A boire!

ARUNS.

Frère, nous sommes là.

FLAMMEOLA, d'une voix tremblante et de loin.

Johannès, je suis là.

JOHANNÈS.

Qui me parle?

ARUNS.

C'est nous.

FLAMMEOLA, faisant un pas vers le fond.

C'est moi, Flammeola.

ARUNS, à Flammeola.

N'approche pas de lui!

FLAMMEOLA, de loin, d'une voix tendre.

Flammeola qui t'aime.

JOHANNÈS.

C'est Christ, qu'il faut aimer, Christ,

(D'une voix entrecoupée.)

Aruns, son baptême
Était... mon rêve... Toi, tu la baptiseras.

FLAMMEOLA.

Oui, pour que Christ aussi me reçoive en ses bras!
Oui, je le veux. Je sens sa grâce qui m'attire.
O martyr de sa foi, j'ai soif de ton martyre.
Vers les concerts divins, vers le haut palais d'or,
Et mourant avec toi je vais prendre l'essor.
C'est toi, mon Johannès, mon aimé, qui m'emportes
Au beau ciel dont je vois déjà s'ouvrir les portes,
Au ciel fleuri sans fin d'éternelles amours.
Ensemble au sein de Christ! Avec toi pour toujours!
Avec toi!... Dans mon rêve!... Ensemble!... A jamais tienne!

LATRO, à part.

Si c'était vrai, pourtant!

FLAMMEOLA, s'avançant vers le préteur, d'un ton résolu:

Préteur, je suis Chrétienne.

LATRO, d'une voix grave et en s'avançant lentement vers elle.

Tu ne l'es pas encor. Tu ne le seras pas.
Et ce n'est pas à lui que te joint le trépas,
C'est à moi certes.

(Il l'empoigne brusquement par le bras droit, de sa main gauche.)

Meurs avec moi. Je te garde.

(Il la frappe et se frappe ensuite. Elle va tomber dans les bras de Zythophanès. Lui, s'abat à ses pieds.)

TOUS, levés, avec stupeur, et en tumulte.

Ah!

(Johannès, le cri poussé, a laissé choir sa tête sur son épaule, évanoui.)

LE PRÉTEUR, debout, étendant les mains.

Arrêtez! Que nul ne bouge!

(Malgré cet ordre, Thomrys s'est jetée sur le corps de Latro, la tête collée contre lui pour lui écouter le cœur.)

ZYTHOPHANÈS, au préteur, soutenant et montrant Flammeola blessée.

Mais regarde :

Son sang coule.

THOMRYS, se relevant et montrant Latro.

Il est mort.

(Elle se replonge la face contre la poitrine de Latro, et demeur ainsi jusqu'à la fin de l'acte.)

ZYTHOPHANÈS, égaré.

Du secours! Du secours!
Vite!

(Sanglotant et caressant Flammeola qu'il soutient.)

Ma pauvre enfant! Flammeola!

(Au garde qui est près de lui.)

Toi, cours!

FLAMMEOLA, se détachant de Zythophanès.

Non, laisse, laisse.

(S'avançant vers Aruns, d'un pas qui chancelle, et lui parlant d'une voix haletante.)

Aruns, dis les mots qu'il faut dire!...
Je veux... le ciel... Je veux, baptisée et martyre,
Près de lui, près de mon Johannès, dans sa foi...

(Elle essaie de s'agenouiller devant Aruns.)

JOHANNÈS, qui depuis qu'elle parle a relevé la tête.

Viens! Viens!

(A ces deux mots prononcés d'une voix longue et comme lointaine, Flammeola s'arrête, prête à pâmer.)

ARUNS, aux Chrétiens.

Prions!

(Tous les Chrétiens se remettent à genoux.)

FLAMMEOLA, avec ravissement, à Johannès.

C'est toi qui m'appelles, c'est toi!

(Elle va vers lui, tout en parlant, monte les degrés du porche, d'un pas de rêve, marche dans l'arène jusqu'à la croix, vient mettre ses bras au cou de Johannès, et demeure là, après un grand soupir de joie profonde.)

Oh!

(Ils restent un moment silencieux, et comme en extase.)

JOHANNÈS, les yeux au ciel.

Vois! Le palais d'or se rouvre dans la nue.

FLAMMEOLA, très exaltée.

Oui, j'entends ses concerts saluer ta venue.

JOHANNÈS, même jeu.

Parmi ces bienheureux nous chanterons ce soir.

FLAMMEOLA. même jeu.

Oui, oui, déjà je brûle au céleste encensoir.

JOHANNÈS, même jeu.

C'est l'extase.

FLAMMEOLA, même jeu.

Avec toi c'est moi qui communie.

JOHANNÈS. les regards et le geste au ciel.

O vision sublime !

FLAMMEOLA, les regards attachés à ceux de Johannès.

O suave agonie !

JOHANNÈS, même jeu.

Christ nous accueille.

FLAMMEOLA. dans une expression d'amour absolu.

Ton sourire me sourit.

JOHANNÈS, d'une voix grave et sacerdotale, en faisant au-dessus du front de Flammeola un large signe de croix.

Au nom du Père et du Fils et du Saint-Esprit,
O toi qui par la mort entres dans notre Église,

(Il met les doigts à la blessure de Flammeola, en retire sa main dégouttante de sang, et de ce sang il lui asperge le front en prononçant le dernier vers.)

Avec l'eau rouge de ton sang je te baptise.

FIN

TABLE

ACTE PREMIER
Pages.
Dans le Jardin du Palais de Flammeola.   1

ACTE II
Une Popine dans le haut quartier de Suburre. 47

ACTE III
Dans les Catacombes. 97

ACTE IV
Une Salle dans le Palais de Flammeola. 139

ACTE V
Dans les coulisses de l'Amphithéatre. 179

IMPRIMÉ

PAR

CHAMEROT ET RENOUARD

19, rue des Saints-Pères, 19

PARIS

LA GLU
DRAME EN CINQ ACTES ET SIX TABLEAUX
REPRÉSENTÉ SUR LE THÉATRE DE LA RENAISSANCE
Un volume grand in-8° cavalier. — Prix.................. 4 fr.

MONSIEUR SCAPIN
COMEDIE EN VERS, EN TROIS ACTES
REPRÉSENTÉE SUR LA SCÈNE DE LA COMÉDIE-FRANÇAISE
Un volume grand in-8° cavalier. — Prix.................. 4 fr.

PAR LE GLAIVE
DRAME EN VERS, EN CINQ ACTES ET HUIT TABLEAUX
REPRÉSENTÉ SUR LA SCÈNE DE LA COMÉDIE-FRANÇAISE
Un volume grand in-8° cavalier. — Prix.................. 4 fr.

VERS LA JOIE
CONTE BLEU, EN CINQ ACTES, EN VERS
REPRÉSENTÉ SUR LA SCÈNE DE LA COMÉDIE-FRANÇAISE
Un volume grand in-8° cavalier. — Prix.................. 4 fr.

LE CHEMINEAU
DRAME EN CINQ ACTES, EN VERS
REPRÉSENTÉ SUR LE THÉATRE DE L'ODÉON
Un volume grand in-8° cavalier. — Prix.................. 4 fr.

NANA-SAHIB
DRAME EN VERS, EN SEPT TABLEAUX
REPRÉSENTÉ SUR LE THÉATRE DE LA PORTE-SAINT-MARTIN
Un volume in-18 jésus. — Prix.................. 2 fr.

LE FLIBUSTIER
COMEDIE EN TROIS ACTES, EN VERS
REPRÉSENTÉE SUR LA SCÈNE DE LA COMÉDIE-FRANÇAISE
Un volume grand in-18 jésus. — Prix.................. 2 fr.

LE MAGE
OPÉRA EN CINQ ACTES ET SIX TABLEAUX
Une brochure in-18 jésus. — Prix.................. 1 fr.

THÉATRE CHIMÉRIQUE
VINGT-SEPT ACTES EN PROSE ET EN VERS
Un volume in-18 jésus de la Bibliothèque-Charpentier. Prix. 3 fr. 50

L.-Imprimeries réuni

CPSIA information can be obtained
at www.ICGtesting.com
Printed in the USA
BVHW040915050219
539516BV00009B/336/P